Liebe Leserinnen, liebe Leser!

Titusbogen am Forum Romanum

Terrassencafé der Kapitolinischen Museen

„Solange das Kolosseum steht, wird es Rom gut gehen," sagt ein alter Spruch. Mit keinem anderen Bauwerk fühlen sich die Römer so schicksalhaft verbunden, meint unsere schon seit vielen Jahren in Rom lebende Autorin Birgit Schönau. Und auch für Touristen ist es ein magischer Ort – mich berührt es auf jeden Fall in besonderer Weise, dort zu stehen, wo schon in dem Jahrhundert nach Christi Geburt Gladiatorenkämpfe und Tierjagden stattfanden – übrigens vor bis zu 73 000 Zuschauern.

Nabel der antiken Welt

Natürlich führt Birgit Schönau Sie zu den bedeutendsten und schönsten Stätten der Ewigen Stadt, macht Sie mit den wichtigsten Sehenswürdigkeiten bekannt. Wenn Sie genug haben von all der Historie, dann ist es Zeit für einen caffè oder cappuccino auf einem der schönsten Plätze von Rom, zum Beispiel auf der Piazza Navona, einem wahren Schmuckstück der Altstadt. Oder machen Sie es wie die Römer und erholen Sie sich vom Großstadttrubel in einem der Stadtparks – immerhin ist Rom die grünste Stadt Italiens.

Dolce Vita auf der Piazza

Ich persönlich beschließe einen ereignisreichen Tag in Rom am liebsten mit einem abendlichen Bummel durch Trastevere. In den Gassen um die Kirche Santa Maria in Trastevere gibt es eine Fülle einfacher Trattorien, aber auch exquisite Gourmettempel. Für jeden Geldbeutel bietet sich hier eine ausgezeichnete Gelegenheit, die herzhafte „cucina romana" zu probieren. Auf welche Köstlichkeiten Sie sich freuen können, verraten wir Ihnen im Kapitel Savoir Vivre auf S. 104 ff. Darf es danach vielleicht noch ein „gelato" sein? In Rom gibt es viele hervorragende „Eistempel", allen voran die Gelateria Giolitti. Angesichts von 100 und mehr köstlichen Sorten, von denen eine besser ist als die andere, dürfte die Wahl schwer fallen.

Herzlich Ihre

Birgit Borowski
Programmleiterin HB Verlag

Frascati & Co.

Seite 108–109

Dornröschen erwacht – in einer Region, die lange nur Massenware produzierte. Gerade beim berühmtesten Wein der Gegend, dem Frascati, sind die schönsten Entdeckungen möglich.

Alltagsleben

Seite 64–75

Das Denkmal für Vittorio Emanuele II. steht für ein geeintes Italien, das offen genug ist für die verschiedensten Einflüsse und in dem das Alltagsleben viele Farben hat.

Das antike Erbe

Seite 20–39

In Rom begegnen einem auf Schritt und Tritt „die Scherben einer großen Welt“ (Jean Paul).

Die Stadt der Pilger

Seite 40–51

Für mehr als eine Milliarde Katholiken auf der Welt ist Rom *das* Sehnsuchtsziel.

INHALT

IMPRESSIONEN 08–19

Ansichten von einer Stadt, die entweder allen oder keinem zu gehören scheint. Oder wie die gebürtige Römerin Anna Magnani schrieb: „Mein Rom? – Nicht einmal Nero durfte es sich erlauben, von *seinem* Rom zu sprechen."

CENTRO STORICO 20–39

Im Herzen der Stadt
Via Appia Antica, Kolosseum, Forum Romanum – der kaum verblasste Glanz des Weltreichs ist allgegenwärtig. Erholen kann man sich von all den steinernen Monumenten der Historie auf den Plätzen, den offenen Bühnen der Stadt.

Cityplan 36
Infos 37

DER VATIKAN 40–51

Zwergstaat und Weltmacht
Die katholische Kirche ist die einzige Weltreligion, deren Oberhaupt, der Papst, zugleich die unumschränkte Autorität eines souveränen Staates ist.

Cityplan 48
Infos 49

TRASTEVERE, TESTACCIO 52–63

Das Rom der Römer
Römer erkennen sich überall auf der Welt an ihrem Dialekt, aber so richtig Römisch gesprochen wird vor allem in den Küchen von Trastevere. Herzhaft und deftig, mit einer gesunden Portion Kitsch und Klischee – so sieht sich das Volk vom Tiber selbst.

Cityplan 60
Infos 61

ROMS OSTEN 64–75

Hier ist alles bunt vermischt
Rund um den Hauptbahnhof Stazione Termini hat das Alltagsleben viele Farben: Immigranten bevölkern den großen Marktplatz Piazza Vittorio Emanuele, bürgerliche Familien schicken ihre Kinder zum Fußballspielen in die Villa Torlonia. Studenten strömen in die Universitätsstadt, Pilger in die Papstkirchen …

Cityplan 72
Infos 73

ROMS NORDEN 76–85

Kunst und Spiele
Dort, wo Rom am grünsten ist, zeigt es sich ganz von seiner eleganten Seite. In den Palästen am Rand des großen Stadtparks Villa Borghese kann man in der Schönheit von Gemälden und Skulpturen schwelgen, Treffpunkt der Flaneure ist die Piazza del Popolo, Sportfans zieht es zum Foro Italico.

Cityplan 82
Infos 83

UMGEBUNG 86–103

Raus in die Natur
Zu allen Zeiten sind die Römer aus ihrer geliebten Stadt ins Umland geflohen, vor der Sommerhitze, zum Spaziergang an einem der vielen Seen oder zum Essen.

Straßenkarte 100
Infos 101

SAVOIR VIVRE 104–111

Rom für Genießer
Die römische Küche ist sehr einfach und bodenständig, „Spaghetti alla carbonara" sind ein typisch römisches Gericht. Traditionell trinkt man dazu einen aus der Trebbiano-Rebe gekelterten regionalen Weißwein. Und danach vielleicht ein Eis?

ANHANG 112–118

Service – Daten und Fakten 112
Register 117
Impressum 117
Lieferbare Ausgaben 118

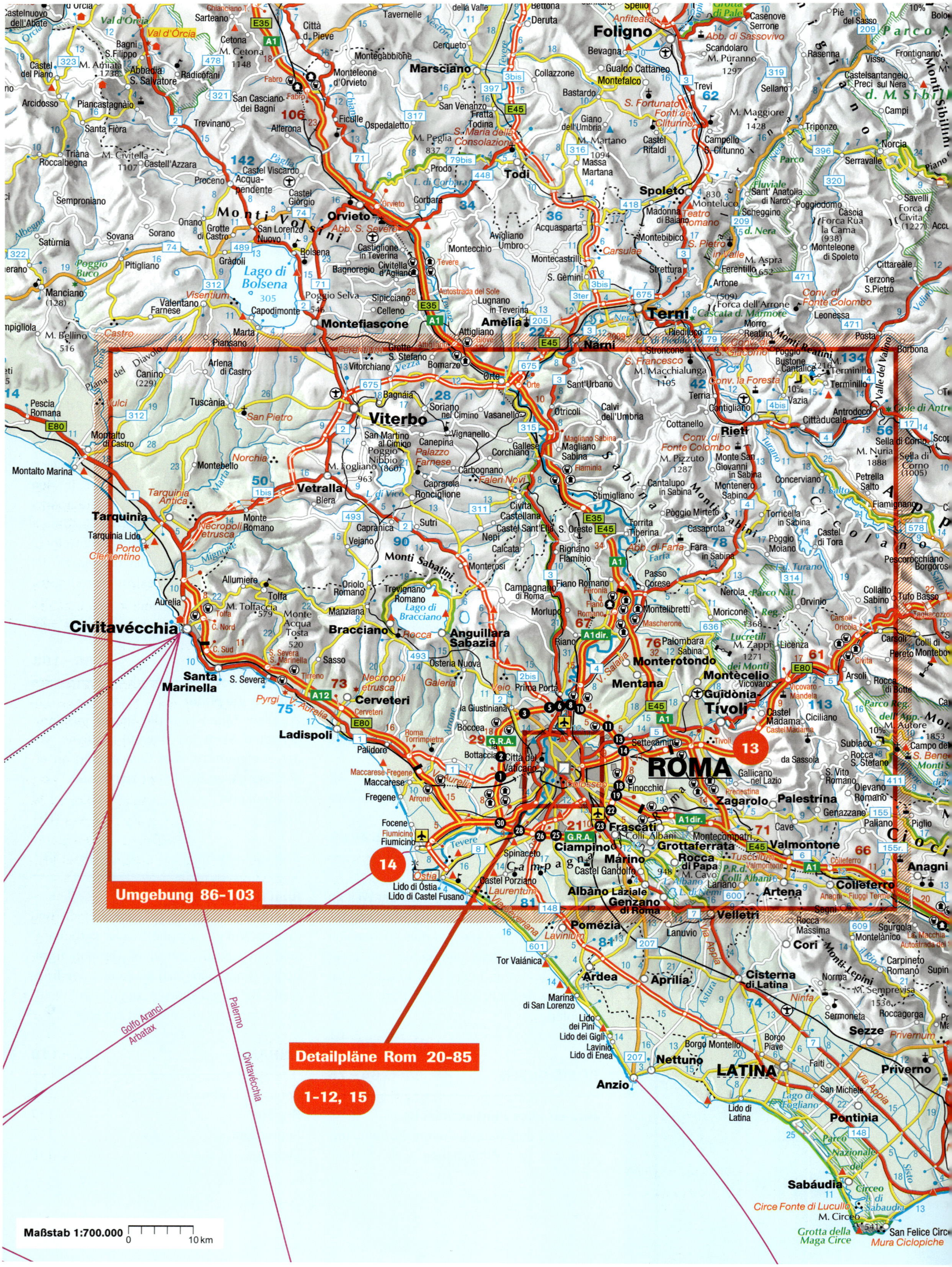

Umgebung 86-103
Detailpläne Rom 20-85
1-12, 15
13
14
Maßstab 1:700.000
0
10 km
ROMA
Viterbo
Civitavécchia
Terni
Foligno
Spoleto
Orvieto
Rieti
Tivoli
LATINA
Montefiascone
Tarquinia
Vetralla
Bracciano
Cerveteri
Ladispoli
Fiumicino
Ostia
Frascati
Velletri
Anzio
Nettuno
Aprilia
Pomézia
Ardea
Marino
Albano Laziale
Genzano di Roma
Ciampino
Grottaferrata
Rocca di Papa
Palestrina
Zagarolo
Valmontone
Colleferro
Anagni
Guidonia
Montecelio
Monterotondo
Mentana
Cisterna di Latina
Sezze
Priverno
Sabáudia
San Felice Circeo
Todi
Marsciano
Narni
Amelia
Lago di Bolsena
Lago di Bracciano
Monti Sabatini
Santa Marinella
Golfo Aranci
Arbatax
Palermo
Civitavécchia

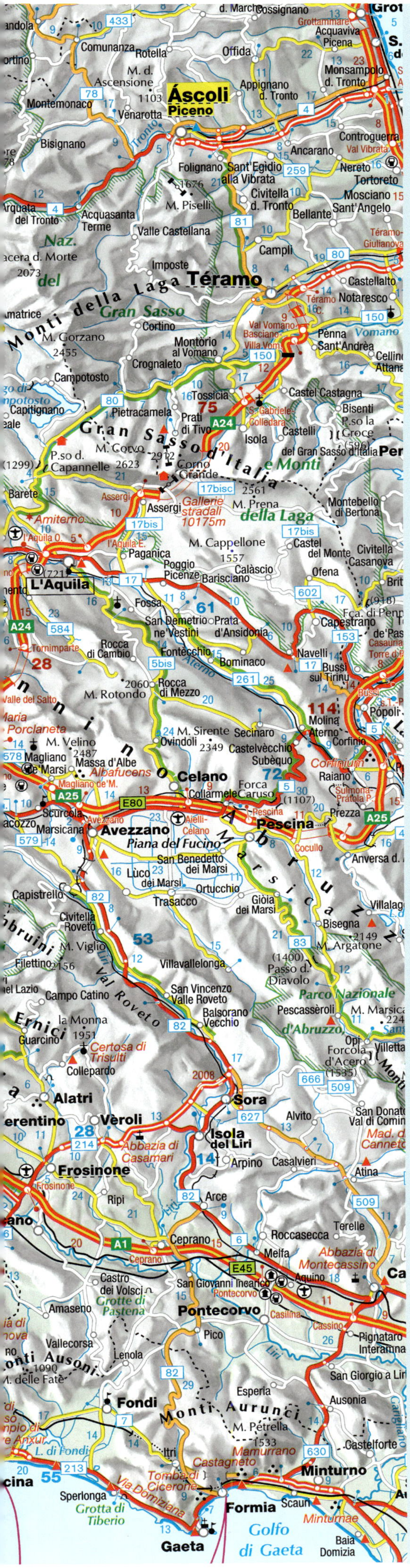

DIE BESTEN TIPPS DER REDAKTION

KULTUR

01 Die antike Königin der Straßen 37
Angelegt um das Jahr 300 v. Chr., war die Straße aus Basaltsteinen, die Via Appia, Roms erste große Verkehrsader.

02 Brot und Spiele im Kolosseum 37
Das größte geschlossene Bauwerk der Antike ist ein zeitloses Meisterwerk der Ingenieurskunst. Errichtet wurde es, damit die Kaiser den Römern ihren Wunsch nach „panem et circenses", nach Brot und (Zirkus-)Spielen erfüllen konnten.

03 Im Zentrum der römischen Welt 38
Einst war das Forum Romanum das Zentrum des römischen Weltreichs. Und doch lagen seine Ruinen lange unter einer 10 bis 15 m tiefen Schuttschicht verborgen. Erst seit dem 18. und 19. Jh. wird das Gelände systematisch erforscht.

04 Grandiose Zeugen der Antike 38
Absolutes Muss ist ein Besuch der Kapitolinischen Museen – eine der wichtigsten und beeindruckendsten Antikensammlungen der Welt.

05 Roms schönster Barockplatz 38
Die Piazza Navona erhebt sich auf den Fundamenten des im Jahr 86 erbauten Domitian-Stadions, in dem rund 30 000 Zuschauer Platz fanden. Im 17. Jh. gestalteten die großen Barockbaumeister Bernini und Borromini die Piazza mit ihren drei Brunnen neu.

06 Das „spanische Rom" 39
Für Papst Innozenz XIII. vollendete Francesco de Sanctis die Spanische Treppe. Pietro Bernini, Vater des genialen Gian Lorenzo, schuf die Fontana della Barcaccia zu ihren Füßen.

07 Berühmtester Brunnen der Welt 39
Wo einst Anita Ekberg ihre üppigen Rundungen ins rechte Licht zu setzen wusste, trifft sich bis heute die Welt.

08 Höhepunkt der Rom-Wallfahrt 49
Eine Vielzahl von Architekten, unterstützt von den besten Künstlern ihrer Zeit, baute rund eineinhalb Jahrhunderte an der Macht und Würde ausstrahlenden Peterskirche.

09 Das Vermächtnis der Päpste 50
Die Vatikanischen Museen, eine der grandiosesten Sammlungen der Welt, sind das Vermächtnis kunstsinniger Päpste und Kardinäle.

10 Kultur im Schlachthaus 63
Das ehemalige Schlachthaus Ex-Mattatoio auf dem Monte Testaccio ist heute ein beliebtes Kulturzentrum.

11 Antike Schreibkultur 74
Im Museo Nazionale Roma in den Diokletiansthermen befindet sich eine große Ausstellung antiker Schreibkultur.

12 Meisterwerke von Bernini & Co. 84
Zu den herausragenden Kunstwerken der Galleria Borghese gehören Berninis Skulpturen und Hauptwerke der Malerei.

13 Erbe der Welt in Tivoli 101
Auf der ausgedehnten Anlage seiner Villa Adriana ließ Kaiser Hadrian Orte und Bauwerke, die ihn auf Reisen durch das Römische Imperium beeindruckt hatten, in kleinem Maßstab nachbilden.

14 Alltagsleben in der Antike 103
Das von Pinien, Zypressen und Lorbeer bestandene Ausgrabungsgelände des einstigen Hafens von Rom gibt einen guten Eindruck vom Alltagsleben in der Antike.

GENIESSEN

15 Im Eis-Tempel der Lust 110
Wo könnte ein kühles Eis besser schmecken als unter der heißen Sonne Roms? So ist die Gelateria Giolitti nicht etwa nur eine „Eisdiele", nein: ein Eis-Tempel der Lust!

EIN LEBEN MIT DER ANTIKE

Der Kreuzweg zu Karfreitag bis ins Kolosseum gilt der Erinnerung an die Märtyrer des frühen Christentums, die in der Arena ihr Leben ließen. Das Kolosseum ist das bekannteste Bauwerk Italiens, das Herz von Rom. Eine alte Weissagung besagt: Wenn das Kolosseum fällt, wird die Stadt untergehen.

LEGAMBIENTE

SICH SELBST UND DIE STADT FEIERN

Der Karneval in Rom – über 500 Jahre alt – ist ein Fest für die Kinder. Beinahe vergessen, haben ihn Groß und Klein wieder aufleben lassen. Die Via dei Fori Imperiali wird für den Verkehr gesperrt und den bambini übergeben.

DIE KAPITALE DER KÜNSTE

Die Kapitolinischen Museen sind die ältesten der Welt. Rom hat alles zu bieten – die ältesten Museen, die größten Sammlungen, die prächtigsten Palazzi für die Kunst. Tage kann man in den Antikensammlungen im Vatikan, im Thermenmuseum oder auf dem Kapitol verbringen, stille Abende bei den Etruskern der Villa Giulia, aufregende Stunden im großen Vermächtnis der Renaissance-Fürsten.

S P Q R
INNOCENTIO X PONT MAX

DER SCHÖNSTE TREFFPUNKT

Ein Muss für jeden Rombesucher ist die elegante Spanische Treppe im Herzen der Altstadt. Die breiten Travertinstufen der Ehrentreppe sind zeitloser Anziehungspunkt für alle Generationen. Als spektakulärer Abschluss bei den alljährlichen Modetagen im Sommer führen Starmodels hier bei schimmerndem Mondlicht die neuesten Kreationen der Alta Moda vor.

BIZERBA
Pollame
KG 10000
Pollame
KG 12000
Pollame
KG 12000

GESCHICHTE GEHT DURCH DEN MAGEN

Ein römischer Metzger ist nicht einfach nur ein Fleischer, sondern ein Meister seines Fachs – wie Annibale und sein Kollege in der Metzgerei „Feroci" in der Via della Maddalena. Lieblingsthema der Römer ist das Essen – vermutlich seit Gründung der Stadt. Viele Rezepte auf den Speisekarten der Gasthäuser sind gute 1000 Jahre alt, andere wurden erst gestern erfunden.

HIER GRÜNT ES RUND UMS JAHR

Rom ist die grünste Stadt Italiens und ihre Umgebung an herausragenden Beispielen der Gartenkunst kaum zu übertreffen. Die Villa d'Este in Tivoli wurde zum Inbegriff des Erholungsparks – Eichhörnchen, Füchse und Nutrias leben hier, nachts ruft das Käuzchen, und am Sonntag ziehen ganze Familien ins Grüne. Wenn man von „Villa" spricht, meint man heute in der Regel den Park.

M·AGRIPPA·L·F·COS·TERTIV

Im Herzen der Stadt

Via Appia Antica, Kolosseum, Forum Romanum – der kaum verblasste Glanz des Weltreichs ist allgegenwärtig. Niemand vermag sich der Suggestivkraft der Via Sacra zu entziehen, der Heiligen Straße des alten Rom. Wo einst die Feldherren im Triumphzug ihre Beute aus den neu eroberten Gegenden des Imperiums zeigten, spazieren heute Touristen durch die Trümmerlandschaft. Der Zahn der Zeit und die Abgase nagen an den antiken Triumphbögen, doch ihre stolze Botschaft bleibt: Nirgendwo anders als hier lag einst der Nabel der Welt.

Dinieren mit erlesener Kulisse: Auf der Piazza della Rotonda vor dem Pantheon ist in Sommernächten immer Hochbetrieb.

01

02

Salaria, Flaminia, Nomentana – auf diesen Wegen gelangt man seit Jahrtausenden nach Rom. Alle alten Konsularstraßen sind voll von Zeugnissen der Antike. Gräber, Meilensteine und die bis heute geltenden Kilometerangaben, die sich auf den Abstand zum Kapitol beziehen, dem Zentrum des Imperiums. Hier war der Mittelpunkt der Welt, und für die Römer ist das immer so geblieben. Nie haben sie ihre Altertümer nur den Touristen überlassen. Wenn im Winter die Reisenden der Stadt den Rücken kehren, nehmen die Römer sie wieder in Besitz – feiern den Karneval auf der Via dei Fori Imperiali, verbummeln einen freien Tag in einem Antikenmuseum. Nicht von ungefähr ist die Archäologie-Behörde eine der wichtigsten Adressen der Stadt. Ihr strenges „No“ unterbindet jede Bautätigkeit im Untergrund oder unter freiem Himmel sofort. Wenn die Bagger auf die ersten Tonscherben stoßen, ist Schluss. Und die Römer finden das ganz in Ordnung so.

Hochzeit mit der Wölfin

Welch eine Kulisse! Michelangelos Sternenplatz, das Rathaus mit dem Glockenturm auf den antiken Fundamenten und dahinter die Terrasse zum Forum Romanum: Das Kapitol, einst Sitz des Jupitertempels, ist immer noch der bedeutendste Hügel Roms. Und weil die Römer viel Sinn für Grandezza haben, befindet sich im Konservatorenpalast das Standesamt. Den Eingang zur Sala Rossa, dem Roten Saal unter der Loggia, kann man kaum verfehlen – zentimeterdick liegen davor die Reiskörner, die die Verwandtschaft auf das frisch getraute Brautpaar niederregnen lässt, begleitet mit dem anfeuernden Ruf: „Auguri ai figlimaschi!“ Wir wünschen euch Söhne!
Die kirchliche Trauung, die nach den Vorschriften des Konkordats auch vom Staat anerkannt wird, ist für die meisten selbstverständlich. Die als Hochzeitskirchen bevorzugten frühchristlichen Basiliken sind oft Monate im Voraus ausgebucht. Wenn es

01 *Messe in den Domitilla-Katakomben*
02 *Spaziergang auf der Via Appia Antica*
03 *Aquädukt im Parco degli Acquedotti*
04 *Porta di San Sebastiano und Via Appia Antica*

01

02

03

04

endlich so weit ist, wird ganz groß gefeiert und an nichts gespart.

Noch nicht einmal jedes fünfte römische Paar lässt sich standesamtlich trauen, aber auf dem Kapitol ist auch diese Trauung pompös: Kerzenleuchter tauchen die Seidentapeten im Roten Saal in feierliches Licht, das Brautpaar sitzt auf goldenen Stühlchen, und damit alles seine Ordnung hat, steht neben dem Standesbeamten ein Polizist in Galauniform. Noch nicht einmal zehn Minuten dauert die Zeremonie, dann gibt es als Geschenk einen Blumenstrauß von der Stadt Rom. Sich scheiden zu lassen, dauert übrigens wesentlich länger, nämlich mindestens drei Jahre.

Sonntags auf der Via Appia

Die Via Appia Antica ist eines der beliebtesten Ausflugsziele für Jung und Alt, nicht weit vom Stadtzentrum. Frühmorgens sind auf ihr schon die Touristen unterwegs zu den Gräbern und Katakomben, gegen Mittag folgen italienische Familien nach. Nach der Porta di San Sebastiano führt die Via Appia Antica 16 Kilometer weit in die umliegende römische Campagna hinein, jene sanfte Hügellandschaft voller Pinien und Ruinen, die schon Goethe in seiner „Italienischen Reise" begeistert hat. Weit schweift der Blick bis hin zu den monumentalen Bögen des Claudius-Aquädukts aus dem 1. Jahrhundert.

Die Appia – im Altertum Straße der Händler und Soldaten, Schauplatz von Massenkreuzigungen und einziger Verbindungsweg nach Süden durch die Pontinischen Sümpfe, wo einst die Malaria zu Hause war – ist heute eine Topadresse. Im Zweiten Weltkrieg marschierten hier noch die Alliierten zur Befreiung Roms, jetzt fahren die Reichen mit großen Wagen zu ihren oft traumhaft schönen Villen. Meist hinter mannshohen Lorbeerhecken versteckt vor den Blicken der Paparazzi, liegen die Anwesen von Filmstars, Modeschöpfern und Fußball-Millionären; nicht wenige der Villen stehen auf antiken Grundmauern. Golfplätze und die nahe Galopprennbahn

01 *Via Sacra mit Blick zum Kolosseum*
02 *Die Trajanssäule vom Trajansforum*
03 *„Alter Römer" am Cäsarforum*
04 *Das Trajansforum im Abendlicht*

05 *Hoch zu Ross: Kaiser Marc Aurel am Kapitolsplatz*

01

02

03

04

Wenn die Dunkelheit einbricht, bevölkern die Liebenden die Via Appia Antica.

zeugen von den bevorzugten Freizeitvergnügen der wohlhabenden Römer.
Wenn die Dunkelheit einbricht, bevölkern die Liebenden die Via Appia Antica. Ein großes Gewisper erhebt sich unter den Pinien, und die Autofenster werden von innen mit Zeitungspapier zugeklebt, damit niemand in die improvisierten Alkoven sehen kann – auch nicht die Polizeistreife, die die Straße der Liebe langsam abfährt. Dabei will die Polizei das Treiben der Liebenden jedoch gar nicht stören. Sie schützt es nur so diskret wie möglich vor ungebetenen Zaungästen.

Grünes Leuchten im Kolosseum

Solange das Kolosseum steht, wird es Rom gut gehen, sagt ein alter Spruch. Mit keinem anderen Bauwerk fühlen sich die Römer so schicksalhaft verbunden. Das gewaltige Amphitheater wurde von Vespasian 72 n. Chr. erbaut und bot bis zu 73 000 Zuschauern Platz. Bei gleißender Sonne wurde ein gigantisches Sonnensegel aus Leinen über die Arena gespannt. Bis ins 5. Jahrhundert hinein blieb das Kolosseum Schauplatz für Gladiatorenkämpfe und Tierhatzen. Heute wird das Wahrzeichen Roms nachts in grünes Licht getaucht, wenn irgendwo auf der Welt ein Todesurteil nicht vollstreckt wird.
Seit dem 18. Jahrhundert ist dieser Schauplatz grausamer Christenverfolgungen als Kirche geweiht. Der Papst absolviert am Karfreitag traditionell den Kreuzweg im Kolosseum. In dem antiken Theater finden auch Aufführungen von Werken römischer und griechischer Dichter statt. Dazu wurde extra ein Teil des ursprünglichen Bühnenbodens wieder hergestellt.

Jüdisches Leben

Das mittelalterliche Viertel am Fuß des Kapitols nennen die Römer immer noch „il ghetto“, obwohl nach dem Ende des Kirchenstaates 1870 auch die Mauern des Judengettos eingerissen wurden. Nach wie vor lebt ein großer Teil der rund 16 000 römischen Juden im Schatten der großen Synagoge. Die jüdische Gemeinde Roms ist die älteste außerhalb Palästinas. Lange vor Christi Geburt lebten in Rom schon Juden, die zur Kaiserzeit geduldet oder sogar umworben, von den Päpsten des Mittelalters aber unterdrückt, gedemütigt und verfolgt wurden. Mit der Bulle „Cum Nimis Absurdum“ verfügte Paul IV. im Jahr 1555 die Einrichtung des Gettos und zwang die Juden, an ihrem Sabbat der katholischen Messe zu folgen. Auf engstem Raum mussten zeitweise 9000 Menschen leben, Schmähungen und Verfolgungen erdulden sowie die Zwangstaufen ihrer Kinder.
Da sie bereits vor der zweiten Tempelzerstörung als Gemeinde existierten, haben

01 *Konstantinsbogen: Reliefs mit Marc Aurel*
02 *Tiberinsel und Synagoge*
03 *Traditioneller Ricotta-Kuchen*
04 *Schildkrötenbrunnen an der Piazza Mattei*

01

02

03

04

Roms Juden ihre eigene Sprache. Sie sprechen nicht Jiddisch, sondern einen als „giudaico" bezeichneten Dialekt mit starken spanisch-portugiesischen Einflüssen. An der Synagoge erinnert eine Bleitafel an die Deportation von 2091 Gemeindemitgliedern durch die deutschen Besatzer am 16. Oktober 1943 nach Auschwitz. Nur 15 kehrten zurück. Fast alle jüdischen Familien waren betroffen. Das Verhältnis zum Vatikan hat sich durch Johannes Paul II. stark verbessert, der als erster Papst im Jahr 1986 die Synagoge besuchte.

Treffpunkt Piazza

Lau sind die Nächte, süß ist das Leben auf der Piazza, zauberhaft erstrahlt die Kulisse. Die Grandezza der Ewigen Stadt und der fast dörfliche Charme ihrer vielen Plätze – Piazza Navona, Piazza Rotonda, Piazza di Spagna – machen den Reiz der römischen Metropole aus, die rund um die Uhr vibriert. Der Tag gehört den Handwerkern, Geschäftsleuten und „Taschenträgern", wie die Römer die zahllosen Angestellten der beiden Parlamentskammern nennen. Und den Einkäufern in der Fußgängerzone zu Füßen der Spanischen Treppe. Theater unter freiem Himmel, die schönsten Kulissen der Welt, und die Hauptdarsteller sind wir alle: piazza, dolce piazza. Wie viele gibt es in Rom? Majestätisch oder intim, barock oder modern, die Piazza ist mehr als einfach nur ein Platz, sie ist das Zentrum des Alltags. Morgens schnell einen caffè mit der Zeitung auf der Piazza. Mittags trifft man sich mit Arbeitskollegen zum Essen auf der nächsten Piazza. Nachmittags kommen die Kinder zum Fußballspielen. Abends ist Messe, denn alle Plätze in Rom haben eine Kirche. Alle, bis auf einen, der Campo de'Fiori. Vielleicht ist er deshalb das Herz der römischen Nacht.

Unvergleichlich: Piazza Navona

Einst befand sich im riesigen Oval der Piazza Navona das Stadion des Domitian, ein Ort für Wagenrennen und andere hals-

01 *Monumento a Vittorio Emanuele II*
02 *Piazza Navona: beliebte Flaniermeile und …*
03 *… offene Bühne für Paare, Passanten*
04 *Michelangelos Fassade am Palazzo Farnese*

01

An lauen Sommerabenden trifft sich auf der Piazza Navona ganz Rom, um den Gauklern zuzuschauen, die bis in die frühen Morgenstunden zwischen den Brunnen tanzen.

brecherische Lustbarkeiten. Die Päpste der Renaissance entdeckten die Freiluftbühne später für ihren eigenen Zeitvertreib. Alexander VI., der aus Spanien stammte, machte um 1500 gar eine Stierkampfarena daraus. Etwa um diese Zeit wurde auch der Karneval auf der Piazza Navona gefeiert – eine Tradition, die am Fastnachtsdienstag wieder auflebt. Bootsfahrten rund um den Vier-Flüsse-Brunnen gibt es indes nicht mehr. Dieser aparte Freizeitspaß war im 18. Jahrhundert Adligen und Prälaten vorbehalten, die alle Brunnenabflussrohre zustopfen und die Piazza wie einen künstlichen See überfluten ließen.

Unverändert ist die Piazza Navona die beliebteste Bühne der Stadt, mit einer unvergleichlichen barocken Kulisse. An lauen Sommerabenden trifft sich hier „tutta Roma" – ganz Rom –, um den Gauklern zuzuschauen, die bis in die frühen Morgenstunden zwischen den Brunnen tanzen. Kartenleser und Wahrsager haben ihre Tischlein in der kleinen Gasse zum Senat aufgebaut und blicken bei Kerzenschein in die Zukunft. Schöne Römerinnen tragen ihre frisch erworbene Sonnenbräune in gewagten Kleidern spazieren. In der letzten Augustwoche ist große Modenschau angesagt – Laufstege werden über die Piazza gelegt, Scheinwerfer auf dem Dach der Kirche Sant'Agnese angebracht, und ein handverlesenes Publikum nimmt auf den roten Samtstühlen Platz, um das Spektakel aus nächster Nähe zu verfolgen. Das Fernsehen überträgt live von der uralten Bühne Piazza Navona. Wer sie für sich allein haben will, der muss frühmorgens kommen, wenn alles schläft und die ersten Sonnenstrahlen nur die Tauben wecken.

Es hämmert und klappert

Rom ist ein Dorf, und in seinem Herzen wohnen die Handwerker. Tischler an der Via dei Cappellari, Schuster am Largo Febo, Schneider an der Via del Governo Vecchio. Es hämmert und klappert, es schäumt und riecht nach frisch gebackenem Brot. In keiner anderen Kapitale gibt es auf so engem Raum noch so viele Bäcker und Barbiere – und so viele Werkstätten für Bilderrahmen. Wie in alten Zeiten überziehen die „corniciai", die Rahmenmacher, ihre Produkte mit Goldfarbe, während der Bäcker im Herbst das Kastanienbrot „castagnaccio" in den Ofen schiebt. Dass zwischen Piazza Navona, Pantheon und Campo de'Fiori seit ewigen Zeiten das Handwerk ansässig ist, verraten schon die Straßennamen: Via delle Coppelle – die Straße der Dachziegel –, Via dei Baullari – die Straße der Koffermacher –, Via dei Coronari – die Straße der Rosenkranzmacher. In den späteren Jahren hatten dort die deutschen Buchdrucker ihre

01 *Die Kuppel des Pantheon ist 43,30 m breit und 43,30 m hoch*
02 *Tempelruinen am Largo Argentina*
03 *Markt auf der Piazza delle Coppelle*

01

02

Keiner weiß genau, wie viele Priester, Nonnen und Mönche es in Rom gibt, aber wir können sehen, wo sie ihre Socken kaufen …

Läden, heute reiht sich an der Via dei Coronari ein Antiquitätengeschäft an das andere. Durch die Miniaturstadt der Handwerker fährt auf seinem alten Fahrrad noch immer der „arrotino“, der Scherenschleifer. Doch wie lange noch? Zwar lassen die Italiener traditionell alles gern ausbessern und reparieren, und auch die Möbel sowie die Anzüge nach Maß haben treue Abnehmer. Und kein Römer, der auf sich hält, würde sein Brot im Supermarkt kaufen. Doch die Handwerker finden keine Lehrlinge mehr. Wer in die alteingesessenen Werkstätten schaut, sieht dort oft einen Meister im Pensionsalter allein bei der Arbeit. Es scheint nur eine Frage der Zeit, bis an die Stelle der verwaisten „botteghe“ schicke Läden rücken werden. Dann wäre ein wichtiges Stück Rom unwiederbringlich verloren.

Die Mode der Priester

Keiner weiß genau, wie viele Priester, Nonnen und Mönche es in Rom gibt, aber wir können sehen, wo sie ihre Socken kaufen: An der Piazza della Minerva und an der Via dei Cestari liegen die Modegeschäfte für Geistliche aufgereiht wie Perlen im Rosenkranz. Soutanen und Kutten, Häubchen und Birette, wärmende Unterwäsche und farblich dezente Regenschirme, Strickjacken und Stolen, dazu Kruzifixe und Kommuni-

01 *Leibgarde des Staatspräsidenten vor dem Quirinalspalast*
02 *Papstkäppchen beim Vatikan-Hofschneider*
03 *Bar in der Via dei Delfini*

04 *Piazza della Minerva: Vor S. Maria Sopra Minerva mit Berninis „Elefantino“*

SEGATORI

02

03

SPECIAL Fontana di Trevi

Rom sehen und sterben?

Wer sichergehen will, dass er noch einmal in die Ewige Stadt zurückkehren wird, der sollte mit seiner rechten Hand eine Münze über seine rechte Schulter in den Trevi-Brunnen werfen. Wer zwei Münzen wirft, so heißt es weiter, der wird sich in eine Römerin oder einen Römer verlieben, und wer drei Münzen wirft, der wird seine römische Liebe sogar heiraten.

Wo einst Anita Ekberg plantschte

Die Fontana di Trevi ist der berühmteste von über 2000 römischen Brunnen. Zwar ist das Ritual, zum Abschied von Rom noch eine Münze in ihn hineinzuwerfen, um auch ganz bestimmt wiederzukommen, offiziell verboten, aber „così fan tutti" – so machen es alle. Die Stadtverwaltung hat sich längst darauf eingestellt, und da die Münzen den Marmor des großen Beckens beschädigen könnten, werden sie regelmäßig von überdimensionalen Staubsaugern abgesaugt. Die meist prall gefüllten Geldsäcke landen bei der Caritas, und so erfüllt der Abschiedsgruß der Rombesucher zum Schluss auch noch einen wirklich wohltätigen Zweck.

onskelche. Zutritt für Normalsterbliche ist verboten, nur Geistliche werden bedient. Auch aus anderen Ländern reisen Priester nach Rom, um sich bei einem hier ansässigen Edelschneider ihre Soutane anmessen zu lassen. Der Auserwählte unter den Schneidern aber ist Gammarelli in der Via Santa Chiara: Wer wissen will, für wen er arbeitet, muss nur in seine feine Vitrine schauen. Dort liegt ein seidenes Scheitelkäppchen aus, in Weiß. Das trägt nur einer in der Kirchenhierarchie, der Papst.

Machtzentrum ohne Bannmeile

Seit 1946 ist Rom die Hauptstadt der Republik Italien, und die Politik ist allgegenwärtig. Kein Vormittag vergeht, ohne dass ein „auto blu" – das dunkelblaue Dienstfahrzeug eines Ministers oder Staatssekretärs – hupend den Dauerstau durchbricht oder eine Demonstration in der Innenstadt den Verkehr vollends lahmlegt. Die Römer nehmen's gelassen. Zwischen ihnen und der Macht gibt es keine Bannmeile. Das Abgeordnetenhaus – im Volksmund wegen seines an einen Ozeanriesen gemahnenden Volumens spöttisch „Transatlantico" genannt – liegt auf dem Montecitorio mitten in der Altstadt. Nebenan, an der Piazza Colonna mit der Triumphsäule des Marc Aurel, sitzt die Regierung im früheren Stadtpalast der toskanischen Bankiersfamilie Chigi. Zwischen der Piazza Colonna und Piazza Navona haben die fast 1000 italienischen Volksvertreter viele Gebäude mit Büros belegt, und in der Mittagszeit kann man die „onorevoli" – die Italiener nennen ihre Abgeordneten „Ehrenhafte" – und Senatoren zum Essen ausschwärmen sehen. Die hohe Politik speist dann bei „Fortunato" am Pantheon oder bei „Gino" im Vicolo Rosini mit dem Volk. Einmal im Jahr wird auch der Sitz des Staatspräsidenten, der Quirinalspalast, für das Volk aufgeschlossen. Zum Fest der Republik am 2. Juni dürfen Italiens Bürger durch die herrlichen Gärten des Quirinal flanieren.

Roms schickstes Einkaufsviertel

Im Dreieck zwischen der Spanischen Treppe, der Via del Corso und der Piazza del Popolo findet man die Läden aller bekannten Modeschöpfer. Nicht nur Haute Couture – die „alta moda" –, sondern alles, bis zu ausgefallener Trendkleidung, ist hier zu bekommen. Die Kaufhäuser sind erstaunlich dürftig ausgestattet. „La Rinascente", die Traditionsmarke, befindet sich an der Via del Corso und der Piazza Fiume. „Coin" an der Via Mantova ist architektonisch interessant: Das Kaufhaus wurde in eine ehemalige Brauerei gebaut. Mitten in der Via Condotti steht das älteste und schönste Kaffeehaus der Stadt: das „Caffè Greco".

01 *Fontana di Trevi: Höhepunkt der barocken römischen Schaubrunnen*
02 *Azaleenblüte auf der Spanischen Treppe, die zur Kirche Santissima Trinità dei Monti führt*

03 *Roms Eistempel heißt „Giolitti"*

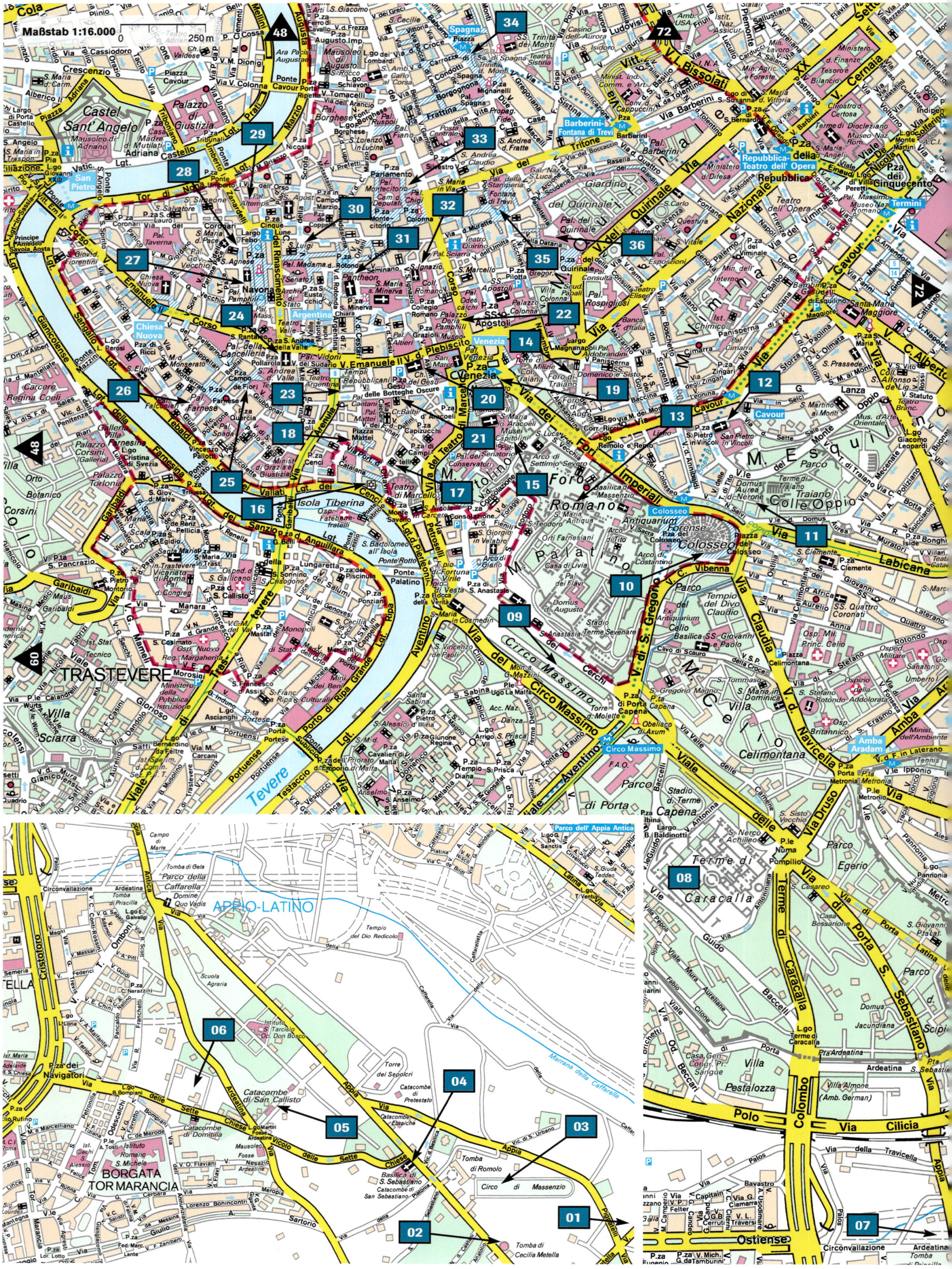

Maßstab 1:16.000
0
250 m
48
72
60
Castel Sant'Angelo
Palazzo di Giustizia
San Pietro
Chiesa Nuova
Argentina
Spagna
Barberini-Fontana di Trevi
Repubblica-Teatro dell'Opera
Repubblica
Termini
Venezia
Cavour
Colosseo
Circo Massimo
Amba Aradam
Piazza Navona
Pantheon
Isola Tiberina
Foro Romano
Palatino
Colle Oppio
Esquilino
Quirinale
Celio
Aventino
TRASTEVERE
Tevere
Circo Massimo
Terme di Caracalla
Parco dell' Appia Antica
APPIO-LATINO
BORGATA TOR MARANCIA
Catacombe di San Callisto
Catacombe di Domitilla
Basilica di S. Sebastiano
Tomba di Cecilia Metella
Circo di Massenzio
Tomba di Romolo
Via Appia
Via Ardeatina
Via Cristoforo Colombo
Ostiense
Via Cilicia
01
02
03
04
05
06
07
08
09
10
11
12
13
14
15
16
17
18
19
20
21
22
23
24
25
26
27
28
29
30
31
32
33
34
35
36

Dolce Vita in der Ewigen Stadt

In Rom begegnet einem auf Schritt und Tritt „der aufgewühlte Schutt aus dem ausgegossenen Aschenkrug der Zeit – und die Scherben einer großen Welt umhergeworfen“ (Jean Paul). Das ist zweifellos beeindruckend, aber kein Grund, um in Ehrfurcht zu erstarren. Stattdessen sollte man sich einlassen auf ein Rom, das für Federico Fellini „ein Karussell von Erinnerungen, wirklichen Ereignissen und Träumen“ war und dessen Plätze eine offene Bühne des „süßen Lebens“ sind.

Brautpaar am Circus Maximus vor dem Palatin: die Historie als stimmungsvolle Dekoration der Gegenwart

01 – 07 VIA APPIA ANTICA

TOPZIEL **Angelegt um das Jahr 300 v. Chr., war die Straße aus Basaltsteinen Roms erste große Verkehrsader. Sie führte über Benevent bis nach Brindisi in Apulien.** Heute ist die antike „Königin der Straßen“ eine der wichtigsten grünen Lungen Roms.

SEHENSWERT sind die Aquädukte im 01 **Parco degli Acquedotti**, Vicolo dell'Acquedotto Felice, Ⓜ Porta Furba (ca. 3 km östl. außerhalb der Karte). Über dem 02 **Grabmal der Cecilia Metella** (um 50 v. Chr.), Via Appia Antica 161, errichtete die Adelsfamilie Caetani 1302 eine kleine Burg; Reste sind erhalten (Di.–So. 9.00 Uhr bis 1 Std. vor Sonnenuntergang). Am 03 **Circo di Massenzio** findet man die Reste eines Stadions und des Kaiserpalastes (4. Jh. n. Chr.), Via Appia Antica 153 (Di.–So. 9.00–13.00 Uhr). Schon vor den Christen begruben auch die Juden ihre Toten in den unterirdischen Tuffsteinhöhlen vor den Toren der Stadt. Ein Teil der gigantischen Grabanlagen kann besichtigt werden, stets mit Führer. Über den Sebastians-Katakomben, 04 **Catacombe di San Sebastiano**, Via Appia Antica 136 (Mo.–Sa. 9.00–12.00 und 14.00–17.00, im Sommer bis 17.30 Uhr, 13. Nov.–11. Dez. geschl.), wurde im 4. Jh. die Kirche San Sebastiano erbaut. Dort wird die Reliquie des Fußabdrucks Christi bewahrt, von jenem Moment, als er Petrus auf der Via Appia erschien. Die Calixtus-Katakomben, 05 **Catacombe di San Callisto**, Via Appia Antica 110, beherbergen rund 170 000 Gräber, laut Legende auch die der ersten Päpste Roms (tgl. 9.00–12.00 und 14.00 bis 17.00, im Sommer bis 17.30 Uhr, Mi. und im Feb. geschl.). Oberirdisch sind die Gärten und Felder des Vatikans sehenswert. Groß und eindrucksvoll sind die Domitilla-Katakomben, 06 **Catacombe di Domitilla**, Via delle Sette Chiese 282 (Feb.–Dez. Mi.–Mo. 9.00–12.00 und 14.00 bis 17.00, im Sommer bis 17.30 Uhr). Östlich der Kirche Domine Quo Vadis wartet der 07 **Parco della Caffarella**, ein Stück ursprünglicher Campagna mit Tempeln und Grotten.

08 CARACALLA-THERMEN

Rund 1600 Besucher fanden Platz in der gigantischen Badeanstalt, die Caracalla 212 bis 217 errichten ließ. Die Thermenanlage war bis zum Jahr 537 voll funktionsfähig. Eingang: Via delle Terme di Caracalla 52 (Mo. 9.00–14.00, Di. bis So. 9.00 Uhr–1 Std. vor Sonnenuntergang).

09 CIRCUS MAXIMUS

Das größte Stadion im alten Rom fasste um 300 v. Chr. rund 175 000 Zuschauer. Nach Erweiterung durch Kaiser Konstantin (306–337) verfolgten hier fast 400 000 Menschen die Wagenrennen. Vom Stadion ist nur die riesige Grasnarbe geblieben, Ⓜ Circo Massimo.

10 KOLOSSEUM

Das Colosseo TOPZIEL **erbaute Vespasian 72 n. Chr. auf dem Gelände von Neros künstlichem See aus Travertinstein.** 300 t Eisen halten die Blöcke des flavischen Amphitheaters zusammen. Eingang: Piazza del Colosseo, Ⓜ Colosseo (tgl. 9.00 Uhr–1 Std. vor Sonnenuntergang). Kaiser Konstantins Siegen gewidmet ist der **Konstantinsbogen**, Arco di Costantino, gegenüber.

11 – 12 DOMUS AUREA

Den 64 bis 68 n. Chr. erbauten Goldenen Palast Kaiser Neros schmücken fantasievolle Fresken aus der Zeit Neros. Der 11 **Palast** liegt inmitten des schönen Parks auf dem Colle

Tipp

Hinab in die Unterwelt

Entgegen der landläufigen Ansicht, die Katakomben seien Zufluchtsorte der frühen Christen gewesen, nutzte man sie vielmehr für Begräbnisse und Totenmessen. In den schmalen Stollengängen wurden auch die Märtyrer beigesetzt, in deren Nähe möglichst viele Menschen bestattet sein wollten. Bis zum 9. Jh. waren die „Coemeteria“ (so der ursprüngliche Name) in Gebrauch, danach verfielen sie. Erst in der Renaissance interessierte sich die Wissenschaft (und die Kirche) für die Grabhöhlen, die sowohl die heidnischen wie die christlichen Römer als auch die Juden außerhalb der antiken Stadt anlegten. Der größte unterirdische Friedhof Roms mit einem Stollennetz von 15 km Länge ist die Domitilla-Katakombe mit einer unterirdischen Basilika, die älteste die Priscilla-Katakombe, die mit biblischen Szenen aus dem 2. Jh. ausgemalt ist.

Via Salaria Nuova 430, Feb.–Dez. Di.–So. 8.30–12.30 u. 14.30–17.00 Uhr

Campo de'Fiori mit dem Giordano-Bruno-Denkmal

Oppio, M Colosseo (Di.–Fr. 10.00–16.00 Uhr; Temperatur in den unterirdischen Räumen 12 Grad). Schon im Jahr 413 begonnen wurde **12 San Pietro in Vincoli** an der gleichnamigen Piazza, M Cavour, mit Michelangelos Papstgrab für Julius II. und dem berühmten Moses (1513–16).

13 FORUM ROMANUM/ PALATIN

TOPZIEL **Die im 6. Jh. v. Chr. von den Etruskern trockengelegte Talmulde des Forum Romanum – Eingang: Largo Romolo e Remo, M Colosseo (tgl. 9.00 Uhr–1 Std. vor Sonnenuntergang) – war das Zentrum des römischen Weltreichs.** Im Rahmen eines großen Ausgrabungsprogramms werden die Kaiserforen kontinuierlich erweitert. Geplant ist ein archäologischer Park, der von den Kaiserforen über das Kolosseum bis zu den Caracalla-Thermen reicht. Beginnen sollte man den Gang durch das alte Rom auf dem **Palatin** – dem Hügel, auf dem der Sage nach die Stadt gegründet wurde – Eingang: Via di San Gregorio, M Colosseo (tgl. 9.00 Uhr–1 Std. vor Sonnenuntergang).

14 KAISERFOREN

Augustus, Cäsar, Nerva, Domitian, Trajan sind die Kaiserforen gewidmet. Interessant vor allem das Trajansforum mit der großen Markthalle u. der Triumphsäule. Eingang: Via IV. Novembre (Di.–So. 9.00–19.00 Uhr).

15 KAPITOL

TOPZIEL **Auf Roms berühmtestem Hügel erhoben sich im Altertum die Tempel des Jupiter und der Juno. Archäologische Reste findet man im Rathaus, dem von Michelangelo entworfenen Senatorenpalast.** Die Piazza del Campidoglio wurde nach Plänen Michelangelos neu gestaltet. Im Konservatorenpalast und im Palazzo Nuovo präsentieren die **Kapitolinischen Museen** eine der wichtigsten Antikensammlungen der Welt (Di.–So. 9.00–20.00 Uhr).

16 – 18 EHEMALIGES GETTO

Jüdisches Leben in Rom: Die prächtig gestaltete **16 Synagoge**, Lungotevere Cenci, wurde 1907 geweiht; im **Jüdischen Museum** werden Kultobjekte u. Dokumente ausgestellt. Der **17 Portico d'Ottavia** (146 v. Chr.), Via del Progresso, an der Grenze des früheren Gettos, ist so alt wie Roms jüdische Gemeinde; unter dem Torbogen einst der Fischmarkt. Den Schildkrötenbrunnen an der **18 Piazza Mattei** schuf Giacomo della Porta (1581–1584).

19 – 36 PLÄTZE UND PALÄSTE

Eine Besichtigungstour durch die Altstadt wäre nicht komplett, würde man sich nicht auch immer wieder genügend Zeit nehmen, um auf den Plätzen Roms zu verweilen. Wie nirgendwo sonst kann man da das Dolce Vita der Römerinnen und Römer erleben.

SEHENSWERT Die **19 Piazza Venezia**, große Verkehrsdrehscheibe der Altstadt, wurde 1882 auf das Monumento a Vittorio Emanuele II ausgerichtet, das den Platz vor dem Kapitol abschließt. Für den riesigen „Vaterlandsaltar" wurden mittelalterliche Gebäude und archäologische Reste abgerissen. Das Monument wird heute für Ausstellungen genutzt. Eingang: Via S. Pietro in Carcere. Der **Palazzo Venezia** (1455–64) war unter dem faschistischen Diktator Mussolini Sitz der Regierung. Jetzt ist er Archäologie- und Kunstmuseum. Eingang: Via del Plebiscito 118 (Di.–So. 8.30–19.30 Uhr). An der Südostecke des Palazzos die Kirche San Marco (Weihe 336). Ihre Fassade ist mit Travertinstein aus dem Kolosseum und Marcellustheater gestaltet.
20 Il Gesù, 1568 von Kardinal Alessandro Farnese gestiftete Hauptkirche der Jesuiten u. Grablege des Ordensgründers Ignatius von Loyola (1491–1556), verknüpft den Langhausbau des Mittelalters mit den zentralisierenden Tendenzen der Hochrenaissance. In der **21 Crypta Balbi** aus dem Jahr 13 v. Chr. zeigt ein Museum römische Kultur des Mittelalters. Eingang: Via delle Botteghe Oscure 31 (Di.–So. 9.00–19.45 Uhr).
Die **22 Galleria Doria Pamphili** im Palazzo Doria (ab 1455) hat Roms bedeutendste Privatsammlung wertvoller Gemälde (16 –18. Jh.): Piazza del Collegio Romano 1A (Fr.–Mi. 10.00–17.00 Uhr).
Die **23 Aera Sacra del Largo Argentina** präsentiert Reste vier antiker Tempel. Nach dem Vorbild von Il Gesù entstand nur 500 m westlich ab 1591 die Mutterkirche des Theatinerordens **24 Sant'Andrea delle Valle**.
Auf dem **25 Campo de'Fiori** steht ein Denkmal des Naturphilosophen Giordano Bruno, der hier 1600 als Ketzer verbrannt wurde. Jeden Werktag findet hier Roms beliebtester und schönster Markt statt. An der Ostseite die Ruinen des **Pompejus-Theaters**, in dem Cäsar ermordet wurde. Am Nordwestende der **Palazzo della Cancelleria** (1483–1511), ein Paradebeispiel römischer Renaissance, heute u.a. Sitz des päpstlichen Ehegerichts Sacra Rota. Im **Museo Barracco** gegenüber interessante vorchristliche Skulpturensammlung. Eingang: Corso Vittorio Emanuele II. 158 (Di.–So. 9.00–19.00 Uhr).
An der aristokratischen Piazza Farnese liegt der **26 Palazzo Farnese** (16. Jh.). Michelangelos Meisterwerk ist Sitz der französischen Botschaft.
Die **27 Piazza Navona** TOPZIEL, Roms schönster Barockplatz, erhebt sich auf den Fundamenten des 86 erbauten Domitian-Stadions, in dem rund 30 000 Zuschauer Platz fanden. Im 17. Jh. gestalteten die großen Barockbaumeister Bernini und Borromini die Piazza neu. Dominiert wird das

Tipp

Goethe, Wagner & Co.

Wer nach dem Shopping im glitzernden Einkaufsviertel um Piazza di Spagna, Via del Corso und Piazza del Popolo Erholung für seine Füße braucht, der kehrt im Caffè Greco in der Via Condotti ein. Der Name leitet sich von dem griechischen Gründer Nicola della Maddalena ab, der das Kaffeehaus 1760 eröffnete. Bald wurde daraus ein beliebter Treffpunkt der deutschen Künstlerkolonie, wo Goethe und Tischbein, Mendelssohn Bartholdy, später Wagner und Liszt, Nietzsche und Gogol verkehrten. In den stilvollen Räumen mit Gemälden und Skulpturen seiner Gäste genießt man auch Lesungen und Kleinkunst.

Via Condotti 86, Mo.–Sa. 8.00–22.00 Uhr

Literatur-Matinee im „Caffè Greco", dem berühmtesten und ältesten der alten Kaffeehäuser Roms

ovale Ensemble von drei Brunnen: Zwischen dem **Mohren-** und dem **Neptunbrunnen** erhebt sich Berninis berühmter **Vier-Flüsse-Brunnen** (1651), ein Hauptwerk des römischen Barock, mit den Flussallegorien Nil, Ganges, Donau und Rio della Plata. An der Westseite ließ Papst Innozenz X. Pamphili von Girolamo Rainaldi seinen Familienpalast **Palazzo Doria Pamphili** (1644–50) erbauen, der jetzt Sitz der Botschaft Brasiliens ist. Rainaldi begann auch 1652 mit dem Bau der benachbarten, von Borromini vollendeten Familienkirche **S. Agnese in Agone**. Nördlich liegen die deutsche Nationalkirche **28** **S. Maria dell'Anima** (1514) mit dem Grabmal Papst Hadrians VI. († 1523) und **S. Maria della Pace** mit dem Kreuzgang von Bramante (1504). Auf 33 Säle verteilt ist die Archäologische Sammlung des **29** **Palazzo Altemps**. Eingang: Piazza Sant'Apollinare 44 (Di.–So. 9.00–19.45 Uhr). Drei revolutionär realistische Gemälde Caravaggios (1573–1610) birgt die Kirche **30** **S. Luigi dei Francesi**.

Unerreicht ist die grandiose Kuppel des **31** **Pantheon**, dem unter Kaiser Hadrian erbauten Tempel (118–125). Von der Vorhalle gelangt man durch das bronzene Doppeltor in den Kuppelraum (43,30 m Höhe u. Durchmesser). Seinen originalen Zustand – nur die kostbare Ausstattung wurde bei den Plünderungen Roms geraubt – verdankt der „Tempel aller Götter" Bonifaz IV., der den heidnischen Bau 608 zur Kirche umwandeln ließ. Hier liegen Raffael und Mitglieder des italienischen Königshauses begraben (Mo.–Sa. 9.00–19.30, So. 9.00–18.00 Uhr). Dahinter, an der Piazza Minerva mit dem Elefantenobelisken von Bernini, steht die gotische Kirche **S. Maria Sopra Minerva** (1280–1450). Prägend für die intime **Piazza S. Ignazio** ist die schöne Rokokokirche **32** **S. Ignazio**. Im **33** **Palazzo Montecitorio**, Piazza Montecitorio, 1650 von Bernini im Auftrag von Papst Innozenz X. Pamphili begonnen und 1694 von Carlo Fontana fertig gestellt, hat Italiens Parlament seinen Sitz.

Für Papst Innozenz XIII. vollendete Francesco de Sanctis 1723 bis 1726 die **34** **Spanische Treppe** **TOPZIEL**, M Spagna. Pietro Bernini, Vater des genialen Gian Lorenzo, schuf die **Fontana della Barcaccia** (1629) zu ihren Füßen. Bis heute befindet sich an der Piazza di Spagna die Spanische Botschaft am Heiligen Stuhl. Oberhalb der prächtigen Rampentreppe residierten einst die Franzosen: Die Kirche **Trinità dei Monti** wurde 1502 von König Ludwig XII. von Frankreich in Auftrag gegeben.

Niccolò Salvi begann 1732 mit dem Bau des berühmtesten Brunnens der Welt, vollendet wurde die **35** **Fontana di Trevi** **TOPZIEL** von Giuseppe Pannini 1762.

Der **Quirinal** (61 m), einer der sieben Hügel Roms, hat seinen Namen von einem Tempel des Quirinus. Im Volksmund hieß er lange Monte Cavallo (Pferdeberg), wegen der Dioskuren Castor und Pollux, die mit ihren Pferden den Obelisken aus dem Augustus-Mausoleum flankieren. Die Kolossalstatuen stammen aus den nahe gelegenen Konstantins-Thermen und sind römische Kopien griechischer Originale (5. Jh. v. Chr.). Bis zur Auflösung des Kirchenstaats 1870 war der **36** **Quirinalspalast** (1573–1585) die Sommerresidenz der Päpste, danach wohnten bis 1947 Italiens Könige im Palazzo del Quirinale; seither ist er Sitz des Staatspräsidenten. Moderne Kunst zeigen die früheren päpstlichen Pferdeställe gegenüber, die **Scuderie Papali**. Eingang: Via XXIV Maggio 16 (So.–Do. 10.00–20.00, Fr./Sa. 10.00–22.30 Uhr).

Nicht versäumen!

KULTUR

Die antike Königin der Straßen
Angelegt um das Jahr 300 v. Chr., war die Via Appia Roms erste große Verkehrsader. Sie führte über Benevent bis nach Brindisi. Heute ist die antike „Königin der Straßen" eine der wichtigsten grünen Lungen Roms.

TOPZIEL Siehe Nr. **01** – **07**

KULTUR

Brot und Spiele im Kolosseum
Das größte geschlossene Bauwerk der Antike ist ein zeitloses Meisterwerk der Ingenieurskunst. Errichtet wurde es, damit die Kaiser den Römern ihren Wunsch nach „panem et circenses", nach Brot und (Zirkus-)Spielen erfüllen konnten.

TOPZIEL Siehe Nr. **10**

KULTUR

Im Zentrum der römischen Welt
Einst war das Forum Romanum das Zentrum des römischen Weltreichs. Und doch lagen seine Ruinen lange unter einer 10 bis 15 m tiefen Schuttschicht verborgen. Erst seit dem 18. und 19. Jh. wird das Gelände systematisch erforscht.

TOPZIEL Siehe Nr. **13**

KULTUR

Grandiose Zeugen der Antike
Auf Roms berühmtestem Hügel erhoben sich im Altertum die Tempel des Jupiter und der Juno. Absolutes Muss ist ein Besuch der Kapitolinischen Museen – eine der wichtigsten und beeindruckendsten Antikensammlungen der Welt.

TOPZIEL Siehe Nr. **15**

KULTUR

Dolce Vita
Eine Besichtigungstour durch die Altstadt wäre nicht komplett, nähme man sich nicht genügend Zeit, um auf Plätzen wie der Piazza Navona zu verweilen. Auch die Spanische Treppe und der Trevibrunnen bieten „Dolce Vita live".

TOPZIEL Siehe Nr. **27** **34** **35**

IN·HONOREM·PRINCIPIS·APOST·PAVLVS·V·BVRGH
IVS·ROMANVS·PONT·MAX·AN·MDC
EGRINAGGIO
BILARE
AUTI HOT DOG CIAMBELLE
AMERICA

Zwergstaat und Weltmacht

Die katholische Kirche ist die einzige Weltreligion, deren Oberhaupt, der Papst, zugleich die unumschränkte Autorität eines souveränen Staates ist. Der Vatikan ist der kleinste Staat der Erde – winziges Überbleibsel eines Kirchenstaates, der einst ganz Mittelitalien umfasste. Doch der Papst braucht keine Truppen. Zum Jubiläumsfest der Jugend kamen im Jahr 2000 mehr als zwei Millionen junge Menschen aus aller Welt nach Rom, zum Begräbnis Papa Wojtylas im Jahr 2005 knapp vier Millionen Gläubige. Und wegen Benedikt XVI. strömen auch immer mehr deutsche Pilger in die Stadt.

Höhepunkt der Rom-Wallfahrt: Pilger auf dem Weg zum Petersplatz in der Via della Conciliazione

01

02

03

„Die Menschheit ist eine große Familie."

Papst Benedikt XVI.

Das Staatsgebiet ist 44 Hektar klein, das Heer besteht aus einer Hundertschaft von jungen Schweizern, die eine von Michelangelo entworfene Uniform tragen und sich mit ihren Hellebarden allenfalls gegen zudringliche Touristen wehren könnten. Und doch: Der Vatikan ist und bleibt eine Weltmacht. Keine Konferenz der Vereinten Nationen kann die Vertreter des Kirchenstaates übergehen, kaum eine Regierung des Abendlandes dem Papst offen widersprechen. Denn der Papst braucht keine Truppen, um seinem Wort Gewicht zu geben. Er regiert nämlich ein riesiges Heer von schätzungsweise mehr als einer Milliarde Katholiken auf der ganzen Welt.

Diplomaten Seiner Heiligkeit

Der Heilige Stuhl unterhält inzwischen Beziehungen zu 145 Staaten. Zuletzt wurde nach jahrelangen Verhandlungen 1993 auch der Austausch von Botschaftern mit Israel vereinbart. Ein päpstlicher Gesandter (Nuntius) ist im Gefüge des Kirchenstaates hoch angesehen und in Zukunft durchaus „papabile" – also ein möglicher Kandidat für den Stuhl Petri. Pius XII. beispielsweise war lange Zeit als Nuntius in Deutschland. Indes orientiert sich die Weltkirche im außereuropäischen Raum neu. Erstmals wurde im Vatikan eine Afrika-Synode abgehalten, ebenso eine Synode der Bischöfe aus Ozeanien. Die Mission ist seit jeher ein wichtiger Bestandteil der Vatikan-Diplomatie gewesen. Seit dem Fall der Mauer wird sie besonders in den Staaten Osteuropas und in Russland intensiv betrieben. Auch nach China hat der Kirchenstaat inzwischen den diplomatischen Arm ausgestreckt.

Vatikanpost und Fußballliga

Nicht mehr als 900 Menschen besitzen einen Pass der Vatikanstadt, und doch ist der Kirchenstaat ein funktionierendes Gefüge, das vom Kardinalstaatssekretär geleitet wird. Der Vatikan verabschiedet jedes Jahr im Frühling den Staatshaushalt, er hat eine eigene Krankenkasse und ein Gesundheitsamt für seine rund 13 000 Angestellten, die schon lange vergebens die Einrichtung einer Gewerkschaft fordern. Die Löhne sind nicht berauschend, aber dafür muss niemand Steuern zahlen. Die Justiz waltet draußen. Im Vatikan gibt es einen Wachdienst, aber weder Polizei, Staatsanwalt noch Gerichte. Verbrechen, die auch hier begangen werden, kommen vor die italienische Justiz. Der kleinste Staat verfügt über die größten Museumssammlungen der Welt, eine Post, eine weltweit zu empfangende Radiostation und eine Tageszeitung, den „Osservatore Romano". Innerhalb der Mauern gibt es Apotheke, Super-

01 *Blick über den Petersplatz*
02 *Italiens Nationalheilige S. Caterina di Siena*
03 *Pronto, Monsignore?*
04 *Carabinieri-Kapelle vor St. Peter*

01

Sonntags zur Papstaudienz

Seit Benedikt XVI. als erster deutscher Papst seit fast 500 Jahren der oberste Hirte für mehr als eine Milliarde Gläubige ist, kommen auch immer mehr deutsche Pilger in die heilige Stadt.

Höhepunkte für die Pilger

Jeden Sonntag spricht der Papst um 12.00 Uhr das Angelus-Gebet vom Fenster seiner Bibliothek, und immer ist der Petersplatz gefüllt, genau wie bei der Generalaudienz am Mittwochmorgen. Höhepunkte für die Pilger sind die Gottesdienste des Heiligen Vaters an Ostern und Weihnachten sowie der anschließende Segen Urbi et Orbi.

Aber auch zu den Selig- und Heiligsprechungen strömen die Gläubigen. Papst Johannes Paul II. hatte mehr als 1000 Verstorbene zu den Altären erhoben: ein absoluter Rekord in der Kirchengeschichte. Die Selig- oder Heiligsprechung erfolgt auf den ausdrücklichen Wunsch des Papstes, nach einem langen Prozess, für den die Seligsprechungskongregation verantwortlich ist. Deren Mitglieder treffen sich zweimal im Monat, um über die anhängenden Verfahren zu beraten. Im Schnitt sind 30 Jahre nötig, bis ein Kandidat endlich selig gesprochen wird.

Bei Johannes Paul II., dessen Fans gleich nach seinem Tod „santo subito" forderten, könnte es schneller gehen. Denn Papst Benedikt XVI. hat einem sofortigen Seligsprechungsprozess ohne die übliche fünfjährige Wartezeit zugestimmt.

Vor der Porta Sant'Anna: Schweizergardisten wissen – und weisen – den rechten Weg

Selig sind die Gläubigen

Die Verfahren sind zudem sehr teuer und müssen von den Antragstellern (Diözesen oder Orden) bezahlt werden; eines kostet ca. 75 000 Euro. Den Vatikan kommt dabei allein die Festmesse mit ca. 25 000 Euro zu stehen. Der Papst spricht deshalb nicht zuletzt aus Kostengründen oft mehrere Kandidaten in einer Zeremonie selig.

markt und die Kaserne der Schweizergarde. Der Kirchenstaat leistet sich auch ein astronomisches Observatorium, das in Arizona das größte und modernste Teleskop der Erde betreibt. Sogar eine Fußballliga hat der Vatikan. Da spielt die Museumsmannschaft „Hermes" gegen die Elf der Schweizergarde und die Handwerker Seiner Heiligkeit, die Päpstlichen Gärtner und den Klub der Chauffeure. Und die Vatikan-Nationalelf tritt regelmäßig zu Freundschaftsspielen gegen Pilgerauswahlen an.

Habemus Papam – „Wir sind Papst"

Nach dem Tod Karol Wojtylas, der als Papst (1978–2005) Johannes Paul II. die katholische Kirche nachhaltig verändert und vor allem in der Aussöhnung mit den anderen Weltreligionen entscheidende Akzente gesetzt hat, fiel dem deutschen Kardinal Joseph Ratzinger eine schwierige Aufgabe zu. Johannes Paul II. war ein Papst der Superlative, der doppelt so viele Menschen heilig gesprochen hat wie alle seine Vorgänger in den letzten 400 Jahren zusammen, der mehr Kilometer auf Reisen zurücklegte als je ein Stellvertreter Christi vor ihm und dessen Gottesdienst in Manila (1995) zur größten Menschenversammlung der Weltgeschichte wurde.

Auch zu Papst Benedikt XVI. strömen, was vielleicht nicht jeder erwartet hatte, die Menschen in Massen. Gleichwohl gilt er mehr als ein Mann des Intellekts denn des Gefühls; als ein Mann des Wortes also, vor allem. Aber auch Worte können die Welt verändern. Zuletzt zeigte der „deutsche Papst" in seiner Botschaft zur Feier des Weltfriedenstages am 1. Januar 2008, worum es ihm geht: Darin lud er „jeden einzelnen Menschen ein, sich der gemeinsamen Zugehörigkeit zu der einen Menschheitsfamilie noch klarer bewusst zu werden und sich dafür einzusetzen, dass das Zusammenleben auf der Erde immer mehr diese Überzeugung widerspiegelt, von der die Errichtung eines wahren und dauerhaften Friedens abhängt".

01 *Die Peterskirche fasst mindestens 60 000 Menschen. Unter der Kuppel, genau über dem Petrusgrab, befindet sich der Papstaltar. Bernini schuf dafür einen 29 m hohen Bronzebaldachin.*

01

GUARDIA SVIZZERA PONTIFICIA
GUARDIA SVIZZERA PONTIFICIA

02

03

„In der Geschichte der Kirche verbindet sich das Neue immer mit dem Antiken – daher auch ihre fruchtbare geschichtliche Kontinuität“ Franca Magnani

01 *Zuflucht der Päpste: die Engelsburg*
02 *Vor der Porta Sant'Anna: Schweizergardisten mit Souveniruhren*
03 *Michelangelos Pietà im Petersdom*

82
TRIONFALE
CITTÀ DEL VATICANO
04
02
01
03
05
Musei Vaticani
Giardini Vaticani
San Pietro in Vaticano
S. Pietro
Castel Sant'Angelo
Palazzo di Giustizia
Ottaviano-San Pietro
Cipro-Musei Vaticani
Lepanto
Flaminio Pzza del Popolo
Spagna
Risorgimento
Chiesa Nuova
Argentina
Venezia
Monte Pincio
Villa Medici
Piazza Cavour
Pantheon
Navona
Isola Tiberina
TRASTEVERE
Villa Doria Pamphili
AURELIO
Monte del Gallo
Villa Sciarra
Fiume Tevere
Piazza del Popolo
Viale Giulio Cesare
Via Cola di Rienzo
Corso Vittorio Emanuele II
Via della Conciliazione
Viale Trastevere
72
36
86
71
50
ss 1
Maßstab 1:16.000
0
250 m

Urbi et orbi – Stadt und Erdkreis

Zwar mussten die Päpste mit der im Jahr 1870 erfolgten Vereinigung von Kirchenstaat und Italien ihre Position als weltliche Herrscher aufgeben, »souverän“ aber blieben sie. Und so lautet bis heute ihr vollständiger Titel: „Bischof von Rom, Stellvertreter Jesu Christi, Nachfolger des Apostelfürsten, Oberhaupt der allgemeinen Kirche, Patriarch des Abendlandes, Primas von Italien, Erzbischof und Metropolit der Kirchenprovinz Rom, Souverän des Staates der Vatikanstadt“.

Berninis Bronzebaldachin in der Peterskirche thront über Papstaltar und Petrusgrab

01, 03 PETERSKIRCHE

Hinter dem von Bernini gestalteten Petersplatz liegt die 01 Peterskirche TOPZIEL, die größte Kirche der katholischen Christenheit: 186 m lang, 136 m breit, im Kuppelraum 119 m hoch, Platz für 60 000 Gläubige.
Der Vatikan veranstaltet hier neben großen Festgottesdiensten auch Bischofssynoden und Seligsprechungen. Eingang: Piazza San Pietro, M Ottaviano–San Pietro (im Sommer tgl. 7.00 bis 19.00, im Winter bis 18.00 Uhr).

BAU UND GESCHICHTE Der Grundstein wurde 1506 unter Julius II. gelegt, an der Stelle der kurz nach 320 von Kaiser Konstantin gestifteten Basilika über dem Petrusgrab. Die bedeutendsten Baumeister der Renaissance arbeiteten an dem gewaltigen Gotteshaus, das 1626 geweiht wurde: Bramante, Raffael und Michelangelo, der auch die Kuppel schuf, die mit 42 m Durchmesser nur etwas kleiner ist als die des Pantheon. Die Fassade von Carlo Maderno wurde 1657 von Bernini nachgebessert und anlässlich des Heiligen Jahres 2000 mit großem Aufwand gereinigt. Die zarten Pastelltöne, die dabei auf der so lange grau erscheinenden Front auftauchten, lösten bei Experten und Gläubigen Erstaunen aus. In der Mittelachse des Obergeschosses befindet sich die **Benediktionsloggia**, aus der der Papst den Segen „urbi et orbi“ spendet. In der Vorhalle stehen die Reiterstandbilder Karls des Großen und Konstantins von Bernini. Ganz rechts liegt der Eingang zur üblicherweise zugemauerten **Porta Sancta**, die nur im Heiligen Jahr geöffnet wird.

INNEN An die alte Petersbasilika erinnert eine Porphyrplatte vor dem mittleren Eingangsportal – an der Stelle, an der Karl der Große Weihnachten im Jahr 800 von Leo III. zum Römischen Kaiser gekrönt wurde. Rechter Hand sieht man **Michelangelos Pietà** (1499), die seit einem Attentat hinter Panzerglas geschützt wird. An der **Bronzestatue des Apostels Petrus** (13. Jh.) am Longinuspfeiler haben die Gläubigen im Lauf vieler Jahrhunderte mit ihren Küssen den rechten Fuß ganz blank gewetzt.
Mittelpunkt ist das **Petrusgrab** unter der Confessio mit 95 vergoldeten Öllampen. Darüber erhebt sich der **Papstaltar** mit Berninis Bronzebaldachin (1624–1633), mit 29 m so hoch wie der gewaltige Palazzo Farnese. **Michelangelos Kuppel** über dem großartigen Ensemble trägt die Inschrift: „Du bist Petrus und auf diesem Fels will ich meine Kirche bauen, und dir werde ich die Schlüssel des Himmelreichs geben.“
Wiederum von Bernini stammt die **Cathedra Petri** (1666). Der **Bronzethron in der Apsis** umschließt einen Holzsitz, auf dem schon Petrus ge-

Tipp

Frühstück beim Vatikan

Ein attraktives Bed-and-Breakfast mit eigener Küche, großer Dachterrasse, 100 Meter vom Petersplatz, bietet Raum für 6 Personen in der Via Stazione Vaticana. Die ruhige Straße mündet am Vatikanischen Bahnhof, der jedoch so gut wie nicht benützt wird.

Alla Terrazza Vaticana, Via Stazione Vaticana 7, Tel. 0039 33 56 09 24 79, www.bed-and-breakfast.it, 130–200 Euro je nach Saison

sessen haben soll. Links vor dem Hauptaltar befindet sich die **Schatzkammer**, Museo del Tesoro, rechts gelangt man zu den **Vatikanischen Grotten**, Grotte Vaticane, mit dem Grab Johannes Pauls II. (1978–2005) (beide 8.00–17.00 Uhr). Der kleine Friedhof 03 **Camposanto Teutonico** südlich der Kirche war im Mittelalter letzte Ruhestätte für in Rom verstorbene prominente deutsche Pilger und Stifter.

02 VATIKANISCHE MUSEEN

Die Päpste der Renaissance waren die Ersten, die sich für die im Mittelalter noch geschmähte antike Kunst interessierten, ihre Meisterwerke sammelten und die Künstler ihrer Zeit förderten. Das Vermächtnis kunstsinniger Päpste und Kardinäle sind die 03 **Vatikanischen Museen** **TOPZIEL**, eine der grandiosesten Sammlungen der Welt. Man sollte sich einen ganzen Tag Zeit nehmen für den rund 5 km langen Parcours, der durch die Antike und großartige Renaissance-Kunst bis in die Apostolische Bibliothek führt.

SAMMLUNGEN Das **Museo Pio Clementino** zeigt antike Skulpturen, in deren Mittelpunkt die Laokoon-Gruppe (350 v. Chr.) und der Apoll von Belvedere (1. Jh. v. Chr.) stehen.
Das von Canova, dem klassizistischen Bildhauer, gestaltete **Museo Chiaramonti** birgt zahlreiche Kaiserstatuen wie die des Augustus von Prima Porta. Papst Gregor XVI. machte das **Museo Gregoriano Egizio**, das Ägyptische Museum, 1839 der Öffentlichkeit zugänglich, ebenso das **Museo Gregoriano Etrusco**, eine Sammlung etruskischer Kunst aus den Grabanlagen. Einen Eindruck vom Italien des 16. Jh. gibt die **Galleria delle Carte Geografiche**, in der jeder kleine Ort auf riesigen farbigen Panoramakarten festgehalten ist. Zum Jahr 2000 restauriert wurden die **Stanzen des Raffael**. Papst Julius II. hatte den damals erst 25-jährigen Raffael 1508 mit der Dekoration seiner Privatgemächer beauftragt. Raffael arbeitete daran bis zu seinem Tod 1520. Der letzte der vier Säle, die **Sala di Costantino**, musste von seinen Schülern vollendet werden.
Im **Appartamento Borgia** residierte der berüchtigte Papst Alexander VI., der seine Wohnung 1492 bis 1495 von Pinturicchio gestalten ließ. Dort befindet sich auch die **Collezione d'Arte Religiosa Moderna**, eine Sammlung moderner Kunst mit Werken von Henri Matisse.
Die **Biblioteca Apostolica** besitzt rund 800 000 Bände, etwa 7000 Erstausgaben und ca. 60 000 Manuskripte. In dem reich mit manieristischen Fresken geschmückten Lesesaal sind illustrierte Bibeln und mittelalterliche Miniaturen zu sehen, in der Pinakothek Werke von Raffael, Leonardo da Vinci und Tizian.

Vatikanische Museen: Apoll von Belvedere

Tipp

Die List Sixtus' V.

Kardinal Felice Peretti war ein einfallsreicher Mann. Als sein Vorgänger Gregor XIII. gestorben war, wollte das Konklave, wie er wusste, nur einen Übergangspapst wählen. Peretti präsentierte sich bei der Papstwahl mit Krücken und kränklichem Aussehen. Als er jedoch zum Papst gewählt war, warf er in freudigem Überschwang seine Krücken so hoch, dass die Spuren noch lange an der Decke des Wahlraums zu sehen waren. Als Sixtus V. regierte er von 1585 bis 1590. Sein Grab befindet sich in den Grotte Vecchie unter der Peterskirche.

April–Sept. 7.00–19.00, Okt.–März bis 17.00 Uhr; Besichtigung nur mit schriftlicher Anmeldung 20 Tage vor dem Termin, Tel. 06 69 88 53 18

SIXTINISCHE KAPELLE Hauptattraktion der Vatikanischen Museen ist die 1475 unter Sixtus IV. erbaute **Cappella Sistina**, die Kapelle der Päpste. Ihre einzigartigen Fresken bilden zusammen mit den Raffael-Stanzen den Höhepunkt der römischen Renaissance-Malerei. Die Seitenwände gestalteten u. a. Botticelli, Perugino, Signorelli und Pinturicchio. Die Decke geriet zum malerischen Meisterwerk des Universalgenies Michelangelo. Großteils im Liegen malend entwickelte er in den Jahren 1508 bis 1512 die Schöpfungsgeschichte mit ihren 340 Gestalten, deren kräftige Farben die Restaurierung in den 1980er-Jahren zum Vorschein brachte. 26 Jahre später machte er sich an das Jüngste Gericht an der Altarwand. Bei der Restaurierung im Jahr 1996 stritten sich die Gelehrten übrigens tatsächlich darüber, ob man den von Michelangelo ursprünglich nackt gemalten Figuren ihre später ergänzten Schleier wieder „ausziehen" sollte. Viele blieben dran – aus rein technischen Gründen.
In der Sixtinischen Kapelle findet das Konklave zur Wahl des Papstes statt: „Wird der Apostolische Stuhl durch den Tod oder Amtsverzicht des Stelleninhabers vakant, ist eine Papstwahl notwendig", lautet die offizielle Formulierung. Das Wahlverfahren, aber auch die Zusammenkunft der Wahlberechtigten bezeichnet die Kirche als „Konklave" (lat. „cum clave"). Nachdem es durch die Jahrhunderte immer wieder bei der Entscheidung über den Nachfolger Petri zu Verzögerungen und politischem Druck gekommen war, beschloss man, die Kardinäle an einem Ort einzuschließen, damit sie sich schnell und ohne äußere Einflüsse auf einen Kandidaten einigen sollten. Als erstes Konklave gilt die Wahl von Coelestin IV. am 25. Oktober 1241. Seit dem Ende des Kirchenstaates, 1870, findet die Papstwahl in der Sixtinischen Kapelle statt, davor im Quirinalspalast. Gewählt wird mit Zweidrittelmehrheit; die Außenwelt erfährt das Ergebnis durch das Verbrennen der Stimmzettel. Schwarzer Rauch bedeutet: noch keine Einigung, weißer Rauch: „Habemus Papam". Bis zum Jahr 1978, zur Wahl von Papst Johannes Paul II., wohnten die Kardinäle während des Konklaves nachts in Zellen hinter der Sixtina. 2005, bei der Wahl Papst Benedikts XVI., übernachteten sie im Gästehaus Domus Sanctae Marthae in der Vatikanstadt,

Tipp

Die Casina Papst Pius' IV.

In den Vatikanischen Gärten steht ein „Häuschen", das sich Pius IV. zwischen 1553 und 1562 bauen ließ. Es besteht aus zwei Pavillons, die durch einen ovalen inneren Hof miteinander verbunden sind, mit Statuen und umlaufenden Reliefs geschmückt. Heutzutage ist die Casina Sitz der Päpstlichen Akademie der Wissenschaften, die 80 hochrangige Wissenschaftler aus aller Welt umfasst. Die Akademie unterstützt junge Wissenschafler, die Forschung zu Problemen unserer Zeit betreiben.

Pilger mit dem Schalk im Nacken: Erinnerungsfoto auf dem Petersplatz

hinter der Audienzhalle. Eingang: Viale Vaticano, Ⓜ Ottaviano–San Pietro/Cipro-Musei Vaticani (8. Jan.–28. Feb. und 5. Nov. bis 22. Dez. Mo.–Fr. 10.00–13.45, 2.–5. Jan., 1. März bis 31. Okt., 2., 3. Nov. sowie 24., 27.–31. Dez. Mo. bis Fr. 10.00 bis 16.45, Sa. 10.00–14.45, letzter So. des Monats 9.00–13.45 bei freiem Eintritt, andere So. und kirchliche Feiertage geschl.), www. vatican.va.

04 VATIKANISCHE GÄRTEN

Klein, aber fein ist der Park der Päpste mit seinen Buchsbaum- und Blumenornamenten, uralten Pinien und Libanonzedern. Spazierengehen ist Gruppen erlaubt (Anmeldung in den Vatikanischen Museen oder auf dem Petersplatz), Joggen allerdings auch Vatikan-Angestellten verboten – der Schicklichkeit wegen.

05 ENGELSBURG

Kaiser Hadrian (76–138) ließ drei Jahre vor seinem Tod ein Mausoleum mit der Engelsbrücke, Ponte Sant' Angelo, als Zugang errichten. Schon im Jahr 403 wurde das Kaisergrab zur Burg ausgebaut, die später die Päpste als Fluchtstätte und Gefängnis benutzten. Der Geheimgang „Passetto" ist zu besichtigen. Zum Castel Sant'Angelo wurde das Kastell um das Jahr 600 – der Erzengel Michael soll auf seiner Spitze das Ende der Pest angekündigt haben. Eingang: Lungotevere Castello 50, Ⓜ Lepanto (Di.–So. 9.00–20.00 Uhr).

Nicht versäumen!

KULTUR

Höhepunkt der Rom-Wallfahrt
Eine Vielzahl von Architekten, unterstützt von den besten Künstlern ihrer Zeit, baute rund eineinhalb Jahrhunderte an der Macht und Würde ausstrahlenden Peterskirche, an der Manifestation des katholischen Glaubens.

TOPZIEL Siehe Nr. 01

KULTUR

Das Vermächtnis der Päpste
Die Vatikanischen Museen, eine der grandiosesten Sammlungen der Welt, sind das Vermächtnis kunstsinniger Päpste und Kardinäle. Man sollte sich einen ganzen Tag Zeit nehmen, um sie zu besichtigen.

TOPZIEL Siehe Nr. 02

KULTUR

Die Fresken der Sixtinischen Kapelle
Hauptattraktion der Vatikanischen Museen ist die im Jahr 1475 erbaute Cappella Sistina, die Kapelle der Päpste. Ihre einzigartigen Fresken bilden zusammen mit den Raffael-Stanzen den Höhepunkt römischer Renaissance-Malerei.

Siehe Nr. 02

NATUR

Eine grüne Oase im Vatikan
Klein, aber fein ist der Park der Päpste mit seinen Buchsbaum- und Blumenornamenten, uralten Pinien und Libanonzedern – eine grüße Oase im Vatikan. Spazierengehen ist in Gruppen erlaubt.

Siehe Nr. 04

KULTUR

Fluchtstätte und Gefängnis
Schon der Weg über die Engelsbrücke mit ihren barocken Engelsstatuen und dem Blick über den Tiber hinweg bis zur Peterskirche ist ein angenehmes Erlebnis. An ihrem Ende steht man dann vor der trutzigen Fluchtburg der Päpste.

Siehe Nr. 05

Das Rom der Römer

Römer erkennen sich überall auf der Welt an ihrem Dialekt, aber so richtig Römisch gesprochen wird vor allem in den Küchen von Trastevere. Herzhaft und deftig, mit einer gesunden Portion Kitsch und Klischee – so sieht sich das Volk vom Tiber selbst. Außenstehende haben nichts zu meckern – Trastevere, die Heimat der „noantri“ (wir anderen), ist sich selbst genug. Den Blick auf all die anderen gewährt der Gianicolo. Und zum Tanz auf den Scherben der Geschichte lädt Testaccio ein, jenseits des Tiber zu Füßen des Aventin.

Das Tibervolk feiert sich selbst: Festa de' Noantri auf der Piazza S. Maria in Trastevere

01

02

03

In Trastevere wohnen die „Romani de Roma" – echte Römer, ansässig seit mindestens sieben Generationen.

Längst ist der Tiber keine Trennlinie mehr wie noch zu Cäsars Zeiten, als eine Villa in Trastevere „fuori porta" lag, außerhalb der Stadt. Am Neujahrsmorgen wird der Fluss mit einem gewagten Sprung vom Ponte Sisto begrüßt; die mutigsten Römer tauchen ein in seine Fluten. Alle anderen vergnügen sich das ganze Jahr über an seinen Ufern, in Trastevere und Testaccio und auch auf dem Wasser selbst.

Trastevere ist anders

In Trastevere wohnen die „Romani de Roma" – echte Römer, ansässig seit mindestens sieben Generationen. Auf dem Markt und in der Trattoria wird hier deftiger Dialekt gepflegt. Dem Dichter Trilussa (eigentlich: Carlo Alberto Salustri, 1871–1950), der seine Spottverse auf Romanesco verfasste, setzte Trastevere ein Denkmal.
„Trans Tiberim" – jenseits des Tibers – hieß der Bezirk schon im Altertum, und seither nennen sich die Menschen dort stolz „wir anderen" (noantri). La Madonna de' Noantri heißt auch das große Volksfest im Juli, wenn Trastevere an langen Holztischen auf Straßen und Plätzen die Nächte durchfeiert. Doch Trastevere, das lange Zeit mit seiner angeblichen Ursprünglichkeit die Touristen lockte, droht im eigenen Klischee zu erstarren. Dass man hier das unverfälschte Rom Trilussas finden kann, stimmt schon längst nicht mehr. Die Immobilienpreise sind für die meisten Römer unerschwinglich, Mietwohnungen gehen ohnehin an wohlhabende Ausländer, und so leben nicht wenige waschechte Trasteveraner längst in anonymen Wohnblocks am Stadtrand.

Ein Dorf in der Stadt

Typisch ist der Stadtteil vor allem in seiner Struktur: Gassen, Plätze, mittelalterliche Kirchen, der große Marktplatz, bunt blühende Dachterrassen und die Treppen zum Gianicolo-Hügel – das Viertel scheint ein Dorf in der Stadt zu sein. Ein lautes Dorf: Die „Romani de Roma", die noch in Trastevere ausharren, beschweren sich über schlaflose Nächte, wenn im Sommer und an den Wochenenden ein Menschenstrom zu ihnen schwappt, um in den Trattorien und Musikkneipen bis zum Morgengrauen das „Dolce Vita" zu pflegen.

„Volkstheater" Porta Portese

Sonntags zwischen 7.00 und 13.00 Uhr ist Zeit für den ältesten und buntesten Trödelmarkt Roms. Alles, vom Goldfisch bis zum Mopedersatzteil, wird angeboten, natürlich auch mehr oder weniger echte antike Möbel. Garantiert echt sind die Römer, die sich schon sehr früh am Morgen auf Schnäppchensuche tummeln, und so

01 *Die Piazza S. Maria in Trastevere*
02 *Römische Dachterrassen*
03 *Madonnenprozession*

04 *Zur Festa de'Noantri ist Trastevere beflaggt*
05 *Blick über die Tiberbrücke Ponte Sisto auf die Fontana dell'Acqua Paola*

01

02

SPECIAL Biotop Rom

Wilde Natur in den großen Parks

Nutrias, Füchse, Kormorane, Falken. Pinien, Stechpalmen, Steineichen, Kapern und Ringelblumen: Für viele Tier- und Pflanzenarten ist Rom ein großes Biotop. Seitdem die Tiberufer wieder regelmäßig gepflegt werden, kann man auch Fledermäusen bei der Jagd über dem Fluss zuschauen. Fische gibt es im verdreckten Tiber allerdings kaum mehr.

Nutrias, Kormorane, Falken, Eidechsen

Mtten in Rom findet man viel Natur, besonders in den großen Parks. In der Villa Doria Pamphili etwa leben immer noch dutzende Nutrias. Gleich unterhalb der antiken Engelsburg befindet sich eine große Kolonie von Kormoranen, in mittelalterlichen Kirchtürmen nisten Falken, zwischen den mächtigen Ruinen des Forum Romanum huschen Eidechsen.

Katzen, Stare, Schwalben

Verwildert sind die vielen Katzenkolonien in der Altstadt. Dort leben die Nachkommen einer für Rom typischen syrischen Rasse, die mit den Sklaven im Altertum in die Kapitale gelangten. Für das Sozialleben dieser römischen Katzen interessieren sich Wissenschaftler aus aller Welt. Wie den Katzen begegnet man überall auch Staren, die die Stadt abendlich in Schwärmen überziehen, und Schwalben, die jeden Sommer nach Rom zurückkehren.

Auf dem Gianicolo: Palmengarten-Naturparadies mitten in Rom, im Orto Botanico

kommt man bei einem Bummel durch das „Volkstheater" Porta Portese auf jeden Fall auf seine Kosten. Respektlos und blumig putzen die Marktschreier ihre Kundschaft herunter. Und wer mit ihnen erfolgreich handeln will, der muss starke Nerven und noch bessere „Argumente" haben. Alle anderen schweigen besser – und genießen.

Tanz auf dem Scherbenhügel

Auf der anderen Flussseite liegt Testaccio. In den nach 1870 gebauten Häusern an den schnurgeraden Straßen leben Studenten neben alteingesessenen Familien. Ein Viertel abseits der ausgetretenen Wege und doch zentral, gleich unter dem Monte Testaccio – einer Müllhalde der Antike aus den Scherben von 50 Millionen Vorratskrügen.

An der Tiberuferstraße und in der Nähe des ehemaligen Schlachthofs – Mattatoio – liegen Kneipen, Restaurants, Kinos, Discos. Es ist ein anderes Rom, das Nachtschwärmer in Testaccio suchen, mit antiken Wurzeln und doch modern, urrömisch und multikulturell. Hier hat die römische Küche ihren Ursprung mit den Innereien frisch vom Schlachthof: „Trippa" (Rindskutteln), „coda alla vaccinara" (Ochsenschwanz) oder „coratella" (Herz und Lunge mit Artischocken) kann man immer noch rund um den Mattatoio essen, auch wenn sich dort heute ein Kulturzentrum befindet.

01 *Rom-Panorama vom Gianicolo*
02 *Villa Farnesina: Raffaels „Triumph der Galatea"*
03 *Porträtbüsten auf dem Gianicolo, wo …*
04 *… ein Puppentheater die Kleinen unterhält*

01 *Fischhändler Mastroianni auf dem Testaccio-Markt*

02 *Romanisch: San Saba*

Kein Tag ohne Markt

Frische Goldbrassen, Langusten und Schollen gibt es bei Enzo Mastroianni. Und von einem Foto über dem Marktstand lächelt der große Marcello Mastroianni freundlich über dem geschäftigen Treiben seines Vetters. Marcello war als Schauspieler ein Weltstar, auf der Piazza Testaccio aber kann man nur prominent werden, wenn man wirklich frische Ware verkauft. Hat eine Signora erst einmal den Händler ihres Herzens erkoren, so bleibt sie ihm ihr Leben lang treu. Unter keinen Umständen wird der Stand nebenan beehrt, selbst wenn dort die Erdbeeren um die Hälfte billiger sind. Viel mehr zählt das Vertrauensverhältnis, das im Lauf der Jahre entwickelt wurde. Und nicht zuletzt sind die Marktplätze schon seit der Regierungszeit der Etruskerkönige ein Hort der Demokratie geblieben. In ihrer sprichwörtlichen Respektlosigkeit reden die römischen Händler ihre Kunden zwar mit hochtrabenden Titeln wie Professore, Avvocato, Ingegnere an – aber gesiezt werden diese wichtigen Menschen deshalb noch lange nicht.

Teurer, nobler Aventin

Nördlich der Via Marmorata liegt der noble Aventin, einst der Hügel der Plebejer. Heute ist er eine der teuersten Wohngegenden Roms, das „In-Viertel" für Filmschauspieler und Fußballstars. So ließ sich etwa Fabio Capello, als er noch Trainer des AS Rom war (1999–2004), sogar in seinem Vertrag eine Wohnung auf dem Aventin festschreiben. Kostenpunkt: fast zwei Millionen Euro.

Märkte oder Kaffeebars sucht man auf dem grünen Hügel vergebens, dafür gibt es kleine Parks, antike Kirchen und Villen mit verwunschenen Gärten. Gleich unterhalb des Giardino delle Arance steht eine kleine Siedlung mit Wohnhäusern aus dem Faschismus. Der „Duce" Mussolini, selbst ein gelernter Journalist, hatte sie für Redakteure der Regimepresse reservieren lassen. Bis heute wohnen dort die Nachfahren.

03 *Der Mattatoio von Testaccio ist heute ein Kulturzentrum*
04 *Erfrischt: der Maskenbrunnen auf dem Aventin*

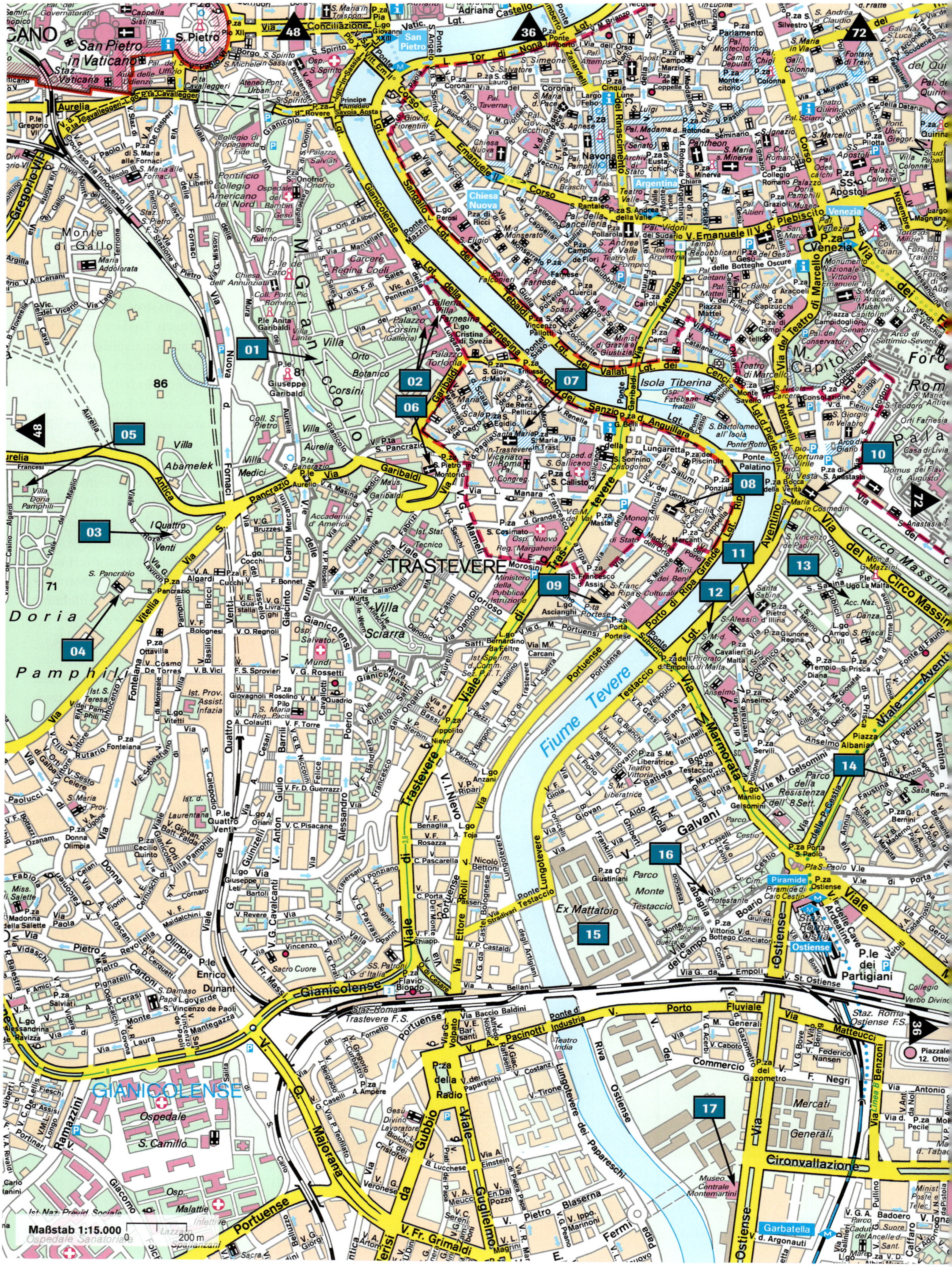

San Pietro in Vaticano
S. Pietro
TRASTEVERE
Fiume Tevere
Isola Tiberina
Villa Doria Pamphili
Monte di Gallo
Orto Botanico
Villa Sciarra
Villa Abamelek
Gianicolo
M. Capitolino
Circo Massimo
Aventino
Parco Monte Testaccio
Ex Mattatoio
Mercati Generali
GIANICOLENSE
Ospedale S. Camillo
Staz. Roma Trastevere F.S.
Staz. Roma Ostiense F.S.
Piramide
Garbatella
Chiesa Nuova
Argentina
Venezia
Navona
Pantheon
Viale di Trastevere
Lungotevere
Via Aurelia Antica
Viale Marconi
Via Ostiense
Via Portuense
Circonvallazione Gianicolense
Via Marmorata
Corso V. Emanuele
Via della Conciliazione
Piazza Albania
Porta Portese
48
36
72
01
02
03
04
05
06
07
08
09
10
11
12
13
14
15
16
17
Maßstab 1:15.000
200 m

Die Seele der Stadt

Für den englischen Dichter Lord Byron war Rom die Stadt der Seele, und die Seele der Stadt findet man sicher eher auf dem Monte Testaccio, dem antiken Scherbenhügel am alten Römerhafen, als irgendwo sonst. Hier wie in Trastevere, jenseits des Tibers, pulsiert das Leben, während es auf dem Aventin ungleich ruhiger zugeht. So ist Rom auch eine Stadt der Gegensätze, die die Römerinnen und Römer auf dem Gianicolo ganz gelassen von oben betrachten können.

Die Cestius-Pyramide vor der Porta San Paolo wurde mitten in die Aurelianische Stadtmauer gebaut

01 MONTE GIANICOLO

Wo heute die Römer sonntags flanieren, stand in der Antike ein Heiligtum des Janus, der dem 82 m hohen Gianicolo-Hügel seinen Namen gab. Überhaupt ist der Gianicolo ein geschichtsträchtiger Ort: Hier verschanzte sich 1849 der Nationalheld Giuseppe Garibaldi gegen die französischen Truppen, die die kurzlebige Römische Republik zerschlugen und dem Papst damit wieder zur Macht verhalfen. An diese – der Einigung Italiens vorangehenden – Auseinandersetzungen erinnern zwei Denkmäler auf dem Monte Gianicolo, von denen das eine Garibaldi selbst auf dem Rücken eines Pferdes zeigt und das zweite seine Frau Anita, die an seiner Seite kämpfte, als wilde Reiterin. Am besten erklimmt man den Hügel zu Fuß am Vatikan und steigt dann nach Trastevere hinab. Von der Promenade, der Passeggiata del Gianicolo, bietet sich ein eindrucksvoller Panoramablick auf Roms Altstadt, der bei klarem Wetter bis Tivoli im Osten reicht und zu den Sabiner Bergen.

SPAZIERGANG An der **Piazza Garibaldi** gibt es jeden Sonntag Puppentheater für die Kinder. Am Osthang wurde der im Besitz der Universität befindliche **Orto Botanico**, der Botanische Garten, im Park der Villa Corsini angelegt. Die Anlage zeigt exotische Pflanzen in Jugendstil-Gewächshäusern, mediterrane Vegetation, einen Medizin-Kräutergarten und einen Garten für Blinde, in dem aromatisch duftende Pflanzen in Blindenschrift erklärt werden. Eingang: Largo Cristina di Svezia 24 am Ende der Via Corsini (im Sommer Mo.–Sa. 9.00–18.30, im Winter bis 17.30, Gewächshäuser 9.00–12.30 Uhr, Aug. geschl.).

02 GALLERIA CORSINI/ FARNESINA

Ebenfalls in Trastevere findet man mehr oder weniger zu Füßen des Monte Gianicolo zwei grandiose Schatzkästchen der Kunst. Wunderbar ist der Blick aus dem architektonisch harmonischen **Palazzo Corsini** (1510–1512) auf den Botanischen Garten. Die **Galleria Nazionale d'Arte Antica** im Palast zeigt Meisterwerke des 14. bis 18. Jh., darunter Werke der Venezianer Tiepolo und Canaletto, dazu Ricci, Reni, des Neapolitaners Giordano, Caravaggios „Johannes der Täufer"und Gemälde von Rubens und Van Dyck. Eingang: Via della Lungara 10 (Di.–So. 9.00–13.30 Uhr). Gegenüber am Tiberufer liegt die von Baldassare Peruzzi für den steinreichen Bankier Agostino Chigi errichtete **Villa Farnesina** (1506–1510). Ihren Weltruhm verdankt sie der Ausmalung durch Raffael und seine Schüler. In der **Sala di Galatea** ist mit dem „Triumph der Galatea" (um 1514) ein Hauptwerk Raffaels zu bewundern. Im Schlafzimmer findet man das Fresko „Die Hochzeit Alexanders des Großen mit Roxane" des Raffael-Schülers Sodoma (1511/ 1512). Eingang: Via della Lungara 230 (Mo.–Sa. 9.00–13.00 Uhr, Fei. geschl.).

03 – 05 VILLA DORIA PAMPHILI

An der Porta San Pancrazio stürmten Garibaldis Truppen 1849 Rom, und hier liegt der Eingang zur Villa Doria Pamphili, Roms größtem Park (9 km²), angelegt in den Jahren 1644 bis 1652 von Alessandro Algardi, dem zweiten großen Baumeister nach Bernini, für Fürst Camillo Pamphili, Neffe Papst Innozenz' X. Pamphili. Die Eingangsstraße führt durch einen **03 Triumphbogen** von 1860. Die ursprünglich altchristliche Basilika **04 San Pancrazio** wurde im 16. Jh. über einer Katakombenanlage neu errichtet und im 19. Jh. erneuert. Von Algardi stammt neben dem Park auch der Bauplan für die **05 Villa Doria Pamphili**, die sich über einer terrassierten Gartenanlage erhebt und mit vielen antiken Bildwerken geschmückt ist.

Tipp

Im Boot durch Rom

Eine Stadtbesichtigung ist auch vom Wasser aus möglich, mit Ausflugsbooten auf dem Tiber: Linie 1 verkehrt zwischen Ponte Marconi und Ostia Antica (Dauer 135 Min.), Linie 2 zwischen Ponte Sant'Angelo und Isola Tiberina (Dauer 70 Min.).

www.battellidiroma.it

06 SAN PIETRO IN MOTORIO

Im Innenhof des Franziskanerklosters San Pietro in Motorio an der Piazza gleichen Namens erbaute Bramante 1502 einen Tempietto, ein Tempelchen. Der kleine Rundbau war eines der richtungweisenden Werke der Hochrenaissance. Nur wenig weiter westlich liegt die großartige Brunnenanlage der **Fontana dell'Acqua**

Auf dem Cimitero Protestante oder Acattolico ruhen nichtkatholische Ausländer wie Goethes Sohn August

Tipp

Unschlagbar günstig

Mitten in Trastevere ist abends viel los in der Bar San Calisto am gleichnamigen Platz. An der Theke, auf der Terrasse und selbst auf dem kleinen Platz vor der Bar wimmelt es von unterhaltsamen Leuten. Der Grund für die Beliebtheit? Nicht zuletzt die unschlagbar niedrigen Preise.

Bar San Calisto, Piazza San Calisto 3–5, Tel. 06 583 58 69, Mo.–Sa. 6.00–1.30 Uhr, Bus 170, 280

Paola (1612), erbaut für Papst Paul V. nach dem Vorbild eines antiken Triumphbogens.

07 SANTA MARIA IN TRASTEVERE

Der Legende nach kündigte an dieser Stelle im Jahr 38 v. Chr. eine Ölquelle die Geburt Christi an. Die älteste Marienkirche Roms (4. Jh.) erhielt ihre heutige Gestalt im Jahr 1140. Vom Platz zu sehen ist das mittelalterliche Mosaik über der Vorhalle mit der Darstellung Marias zwischen zehn Heiligen. Die 22 mächtigen Säulen im Kirchenraum stammen aus der Antike. Im 12. Jh. entstanden die Mosaiken der Chorapsis.

08 SANTA CECILIA

Schon bevor im 5. Jh. die Kirche Santa Cecilia erbaut wurde, bestand an dieser Stelle ein Cäcilien-Kult, der die unter Marc Aurel hingerichtete Märtyrerin verehrte. Seither wurde die Basilika vielfach Veränderungen unterzogen. Interessant sind das Apsis-Mosaik des segnenden Christus (um 820), auf dem Cäcilia, die Schutzpatronin der Musik, dargestellt ist, und der schöne Kreuzgang (13. Jh.). Im Nonnenchor Pietro Cavallinis Fresko „Jüngstes Gericht" (um 1290).

09 PORTA PORTESE

Papst Urban VIII. Barberini ließ 1630 das barocke Stadttor zur Via Portuense hin erbauen. An jedem So. von 7.00 bis 13.00 Uhr findet hier der berühmteste Flohmarkt Roms statt. Die Stände ziehen sich etwa 2 km am Tiberufer entlang.

10 SANTA MARIA IN COSMEDIN

An der Piazza Bocca della Verità liegt die mittelalterliche Kirche Santa Maria in Cosmedin mit ihren mosaizierten Cosmaten-Fußböden. Attraktion ist die Bocca della Verità, der „Mund der Wahrheit" – eine antike Brunnenmaske, von der es heißt, dass sie zubeißen würde, sobald ein Lügner seine Hand hineinsteckt.

Tipp

Essen am Platz der Händler

Ganz in der Nähe des Lungotevere bietet die beliebte Taverna de' Mercanti ein sehr leckeres Büffet mit Antipasti, Pizzen, Bruschette und Crostini aller Art. Das Fleisch kommt vom Holzkohlengrill. Mit Tischen am weitläufigen Platz der Händler.

Piazza dei Mercanti 3a, So. geschl.

Tipp

Spuren der Cosmaten

Unter der Bezeichnung Cosmaten fasst man mehrere Künstlerfamilien zusammen, deren Mitglieder häufig Cosmas oder Cosimo hießen. Vom 12. bis zum 14. Jh. waren sie als Spezialisten für die Verkleidung von Säulen, Wänden, Altarschranken und Fußböden mit Marmorintarsien tätig. Mit farbigen Marmorstückchen, die nicht selten von den altrömischen Bauten herrührten, legten sie kunstvolle Muster, häufig im Stil antiker Vorbilder.

In Santa Maria in Cosmedin sind der Fußboden, die Schranken für die Schola Cantorum (die Chorsänger), die Kanzel und das Ziborium (Baldachin über dem Altar) das Werk von Cosmaten. Im Kreuzgang der Laterankirche und in Santa Maria Maggiore findet man ebenfalls Cosmaten-Arbeiten.

11 – 13 SANTA SABINA/ AVENTIN

Über dem Haus der römischen Märtyrerin Sabina, die von ihrer Sklavin Serapia zum Christentum bekehrt wurde, ließ Petrus von Illyrien zwischen den Jahren 425 und 432 eine Kirche errichten. Die frühchristliche Basilika **11** **Santa Sabina** an der Piazza Pietro d'Illiri, zeigt in ihrem Portal – einer mit Schnitzereien reich verzierten Zypressentür – die älteste holzgeschnitzte Türe der christlichen Kunst.

UMGEBUNG Nebenan findet man den kleinen Orangengarten **Parco dell'Aventino**, von dem man einen schönen Panoramablick hat. Bei dem Brunnen am Eingang ergießt sich Wasser aus einer antiken Tritonmaske in eine antike Badewanne aus den Thermen. Im Jahr 939 als Benediktinerkloster gegründet wurde der Malteser Ritterorden, **12** **Priorato di Malta**, Piazza dei Cavalieri di Malta 3. Der Komplex ist der Öffentlichkeit verschlossen. Vor dem Schlüsselloch zum Garten bildet sich immer eine Schlange von Schaulustigen, denn der Blick hindurch offenbart eine der schönsten Ansichten der Ewigen Stadt. Im Städtischen **13** **Rosengarten** auf dem Aven-

Antike Kunst im Museo Montemartini, einem stillgelegten E-Werk

tin blühen Rosen aus aller Welt (Mai–Juni tgl. 8.00–18.00 Uhr).

14 SAN SABA

Rund um die romanische Kirche San Saba liegt das interessante gleichnamige Viertel. Dessen Backsteinbauten sind Sozialwohnungen der Jahre 1907–1923. Bis heute ist San Saba ein Dorf geblieben, das sich jeden Morgen zum kleinen Markt auf der Piazza Bernini einfindet.

15 MONTE TESTACCIO

Das ehemalige Schlachthaus Ex-Mattatoio ist heute ein Kulturzentrum. Es liegt zu Füßen des **Monte Testaccio** TOPZIEL, eines antiken Müllbergs (40 m) aus Tonkrugscherben (lat. testae), der sich zu einem Trendviertel entwickelt hat mit vielen Weinkellern und Szenelokalen.

16 – 17 CIMITERO PROTESTANTE

Berühmte Ausländer wie die englischen Dichter John Keats († 1821), Percy Shelley († 1822) und der italienische KPI-Gründer Antonio Gramsci († 1937) fanden hier ihre letzte Ruhestätte: Auf dem 1738 eingerichteten **16 Cimitero Protestante** oder Acattolico, dem nichtkatholischen Friedhof, liegt auch Goethes einziger Sohn August († 1830) begraben.

UMGEBUNG An der nordöstlich angrenzenden Piazza di Porta San Paolo ließ sich Caius Cestius ein Grabmal im Stil der Pharaonengräber errichten. Der Prätor, zu Lebzeiten ein treuer Bürokrat, gelangte mit Roms einziger Pyramide (18 v. Chr.) zu postumem Ruhm. Weiter südlich im **17 Museo Montemartini**, einem stillgelegten E-Werk, verteilen sich 400 Statuen aus den Kapitolinischen Museen zwischen den alten Maschinen. Via Ostiense 106, Ⓜ Garbatella (Di.–So. 9.30 bis 19.00 Uhr).

Nicht versäumen!

ERLEBEN

Über den Dächern von Rom
Der Panoramablick vom Monte Gianicolo auf die Dächer von Rom ist vermutlich der schönste der Stadt. Kein Wunder, dass auch die Römer selbst diesen Ort, an dem übrigens kurioserweise auch ein Leuchtturm steht, lieben.

Siehe Nr. 01

NATUR

Natur pur im Botanischen Garten
Die Anlage zeigt exotische Pflanzen in Jugendstil-Gewächshäusern, mediterrane Vegetation, einen Medizin-Kräutergarten und einen Garten für Blinde, in dem aromatisch duftende Pflanzen in Blindenschrift erklärt werden.

Siehe Nr. 01

KULTUR

Der Triumph der Galatea
Ihren Weltruhm verdankt die Villa Farnesina ihrer Ausmalung durch Raffael und seine Schüler. In der Sala di Galatea ist mit dem „Triumph der Galatea“ (um 1514) ein Hauptwerk Raffaels zu bewundern.

Siehe Nr. 02

ERLEBEN

Der berühmteste Flohmarkt von Rom
Was für ein Schauspiel! An jedem Sonntag findet in der Zeit von 7.00 bis 13.00 Uhr bei dem barocken Stadttor Porta Portese der berühmteste Flohmarkt Roms statt. Die Stände ziehen sich etwa 2 km am Tiberufer entlang.

Siehe Nr. 09

KULTUR

Kultur im Schlachthaus
Auf dem Monte Testaccio entstand ein Trendviertel mit vielen Weinkellern und Szenelokalen – urrömisch und multikulturell zugleich. Das ehemalige Schlachthaus Ex-Mattatoio ist heute ein Kulturzentrum.

TOPZIEL Siehe Nr. 15

Hier ist alles bunt vermischt

Rund um den Hauptbahnhof Stazione Termini hat das Alltagsleben viele Farben: Immigranten bevölkern den großen Marktplatz Piazza Vittorio Emanuele, bürgerliche Familien aus den „Wohnpalazzi" der Gründerzeit schicken ihre Kinder zum Fußballspielen in die Villa Torlonia. Studenten strömen in die Universitätsstadt, Pilger in die Papstkirchen San Giovanni in Laterano und Santa Maria Maggiore. In San Lorenzo suchen Gourmets nach dem Küchenwunder. Und das alte Rom ist in dem neu gestalteten Thermenmuseum zu finden.

Offene Türen zur Antike: Im Renaissance-Kreuzgang des Thermenmuseums wurden kunstvolle Schätze versammelt

01

02

03

04

Stazione Termini. Bis weit in die 1980er-Jahre nahmen hier italienische Arbeitsuchende Abschied vor ihrem Weg in die Fremde. Damals unterhielt das deutsche Bundesamt für Arbeit in Roms größtem Bahnhof sogar ein eigenes Büro unter dem Gleis Nr. 21. Doch inzwischen hat sich Italien vom Emigranten- zum Einwandererland entwickelt. Die Stazione Termini ist das Symbol des Wandels, rund um den Bahnhof finden sich heute unübersehbar die Spuren des multikulturellen Rom: Asienshops, afrikanische Restaurants, der Markt auf der Piazza Vittorio Emanuele mit seinen exotischen Gewürzen und dem internationalen Publikum. Die meisten der neuen Arbeitsimmigranten kommen aus Afrika und Osteuropa. Sie machen nicht einmal drei Prozent der Bevölkerung Roms aus, aber an ihren freien Wochenende treffen sie sich alle in der Stazione Termini: Gruppen von Filipinos, Frauen in traditioneller Tracht aus Eritrea oder dem Senegal, Albaner und Südamerikaner. Sehr viele Nicht-EU-Ausländer arbeiten als Hausangestellte, die Osteuropäer vor allem im Baugewerbe. Die Stazione Termini mit ihren Läden, den Cafés und dem eindrucksvollen Panoramablick auf die Thermen des Diokletian, nach der sie benannt wurde, ist Endstation Sehnsucht für viele, aber für alle das Tor zur neuen Weltstadt.

Der Palast der Bienen

Bienen auf dem Gesims, im Treppenhaus, in den goldenen Kassettendecken. Überall schwirren die Wappentiere von Papst Urban VIII. durch den Stadtpalast der Barberini, bis über die gleichnamige Piazza an den Anfang der Via Veneto. Auch dort sieht man Bienen auf einem Brunnen.
Der Sprössling eines Florentiner Tuchhändlergeschlechts avancierte als Papst Urban zu einem der bedeutendsten Mäzene des Barock, der Bernini und Borromini förderte, andererseits aber brutal die Schätze der Antike für die eigene Prunkentfaltung ausbeutete. „Was die Barbaren nicht schaff-

01 *Villa Torlonia: Fußballplatz …*
02 *… und Jugendstilmuseum*
03 *Markthalle an der Via Alessandria*
04 *Wohnpalazzi an der Via Savoia*

01

SPECIAL Il miracolo

Küchenwunder San Lorenzo

Reifenwechsel vor dem Mittagessen in San Lorenzo: Danach schmeckt die Pasta gleich noch besser!

Ob sizilianische Fischspezialitäten oder neapolitanische Pizza – in San Lorenzo kann der Hungrige alles finden und fast immer zu vernünftigen Preisen.

Römische Küche, neu erfunden

Rings um den Marktplatz stehen aufgereiht die neuen Schlemmertempel der Römer. Im „Pommidoro" an der Piazza dei Sanniti kochte die herzliche Chefin Anna schon für Pier Paolo Pasolini. Bis heute ist die Trattoria Treffpunkt der Intellektuellen, die klassische römische Küche mit Gemüse und Wild schätzen. Vegetarier, die Lust auf Originelles haben, gehen zur „Arancia Blu" in der Via dei Latini und essen beispielsweise die leckeren Kartoffelravioli mit Minze oder Gemüsefrikadellen mit Koriandersauce. Die kleinen Restaurants an der Via degli Equi und der Via dei Sabelli haben sich ausnahmslos der Neuerfindung italienischer Spezialitäten verschrieben. Und dazu gehört auch eine in Roms Gastronomie leider lange vernachlässigte Figur: der Sommelier, ein professioneller Weinkenner. Dieser berät die Kunden bei der Auswahl des passenden Weins für das jeweilige Gericht.

ten, bewirkten die Barberini", spottete der Volksmund angesichts der Raubzüge in Kolosseum und Pantheon.

La Sapienza …

Roms Universität La Sapienza ist mit über 200 000 Studenten die größte Hochschule Europas und nach den Unis in Mexiko-City und Kairo die drittgrößte der Welt. Allein die juristische Fakultät zählt fast 30 000 Studierende – so viele, wie an einer durchschnittlichen deutschen Uni insgesamt eingeschrieben sind. Damit nicht noch mehr Studenten die Hörsäle der Sapienza verstopfen, gibt es neben der Alma Mater, der „Mutter-Uni", bereits zwei weitere Tochteruniversitäten. Eine ist am südlichen Stadtrand, die andere in der Nähe der Basilica di San Paolo am Tiber untergebracht. Aber die Anziehungskraft der Sapienza ist ungebrochen, obwohl die Studienbedingungen so schwer sind, dass noch nicht einmal jeder dritte Student den Abschluss schafft.

… und die Città Universitaria

Bis zu ihrem Umzug in die Città Universitaria um die Piazzale Aldo Moro im Viertel San Lorenzo befand sich die im Jahr 1303 von Papst Bonifatius VIII. gegründete Universität am Corso Rinascimento, zwischen Pantheon und Piazza Navona. Das Gebäude birgt jetzt das Staatsarchiv. Die Kir-

01 *Pietro da Cortonas großes Deckenfresko „Triumph der göttlichen Vorsehung"*
02 *Im „Tram Tram" in der Via dei Reti 44/46*
03 *Graffiti in San Lorenzo*

01

Schnee in Rom? Mitten im Sommer, an einem 5. August? Doch ihr Wille geschah …

che Sant'Ivo alla Sapienza mit dem Schneckenturm stammt von Borromini. Die neue Universitätsstadt um die Piazzale Aldo Moro auf dem 22 Hektar großen Campus östlich des Hauptbahnhofs war seit 1925 geplant, wurde von Mussolinis Lieblingsarchitekt Marcello Piacentini von 1933 bis 1935 erbaut und ist bis heute im Kern unverändert. Die angrenzende Universitätsklinik Policlinico Umberto I. an der Viale del Policlinico ist mit 2000 Betten eines der größten Krankenhäuser Italiens.

Einsame Herzenskönige

Römer lieben Kinder. Sonntags stecken sie diese gern in Samt und Seide zum Spaziergang durch ihre Stadt, und wenn die „bambini" bis spätabends durch die Trattoria toben, werden sie von freundlichen Wirten mit Komplimenten überschüttet. „Che bello", wie schön es ist, und schnell hinterher: „Che Dio lo benedica", Gott segne es. Das hilft gegen den bösen Blick, dem angeblich hübsche Kinder besonders ausgesetzt sind. Aber ist Rom überhaupt eine Stadt für Kinder? Zugeparkte Gehwege, rücksichtslose Autofahrer, die vor Zebrastreifen nicht halten, überfüllte Busse, in denen laut Gesetz kein Kinderwagen transportiert werden darf – das ist der Hindernislauf einer römischen „mamma", die zwischen Arbeitsstelle, Supermarkt und Ganztagsschule hin und her hetzt. Die Zuwendungen vom Staat sind minimal, die Lebenshaltungskosten überteuert, die Großfamilie gibt es nicht mehr. Neuerdings unterstützt die römische Stadtverwaltung ein „Observatorium für die Kindheit", doch die Experten stellen immer wieder die gleichen Missstände fest. Mamma Roma hat keinen Platz für Kinder.

Der Traum des Papstes

Neben der Peterskirche gibt es in Rom drei weitere Kirchen, die einen Papstthron und einen Altar haben, an dem nur der Papst die Messe lesen darf: San Paolo fuori le Mura, Santa Maria Maggiore und San Giovanni in Laterano. Im Volksmund werden diese „Patriarchalbasiliken" schlicht „Papstkirchen" genannt. Man erkennt sie am Wappen des Papstes, das feierlich über dem Hauptportal thront. Santa Maria Maggiore geht auf einen Traum von Papst Liberius zurück, dem im Jahr 352 die Jungfrau Maria erschienen sein soll, um ihn aufzufordern, an eben jener Stelle eine Kirche zu bauen, an der er am nächsten Morgen Schnee erblicken würde. Schnee in Rom? Mitten im Sommer, an einem 5. August? Doch ihr Wille geschah: Bis heute fallen Jahr für Jahr bei einem Gottesdienst in Erinnerung an das Entstehungswunder von Santa Maria Maggiore weiße Blütenblätter auf die Gläubigen herab. So weiß wie Schnee.

01 *San Giovanni in Laterano gilt als die …*
02 *… Mutterkirche der Christenheit*

03 *Cosmaten-Kreuzgang in San Giovanni*
04 *An Europas größter Uni studiert man unter Palmen*

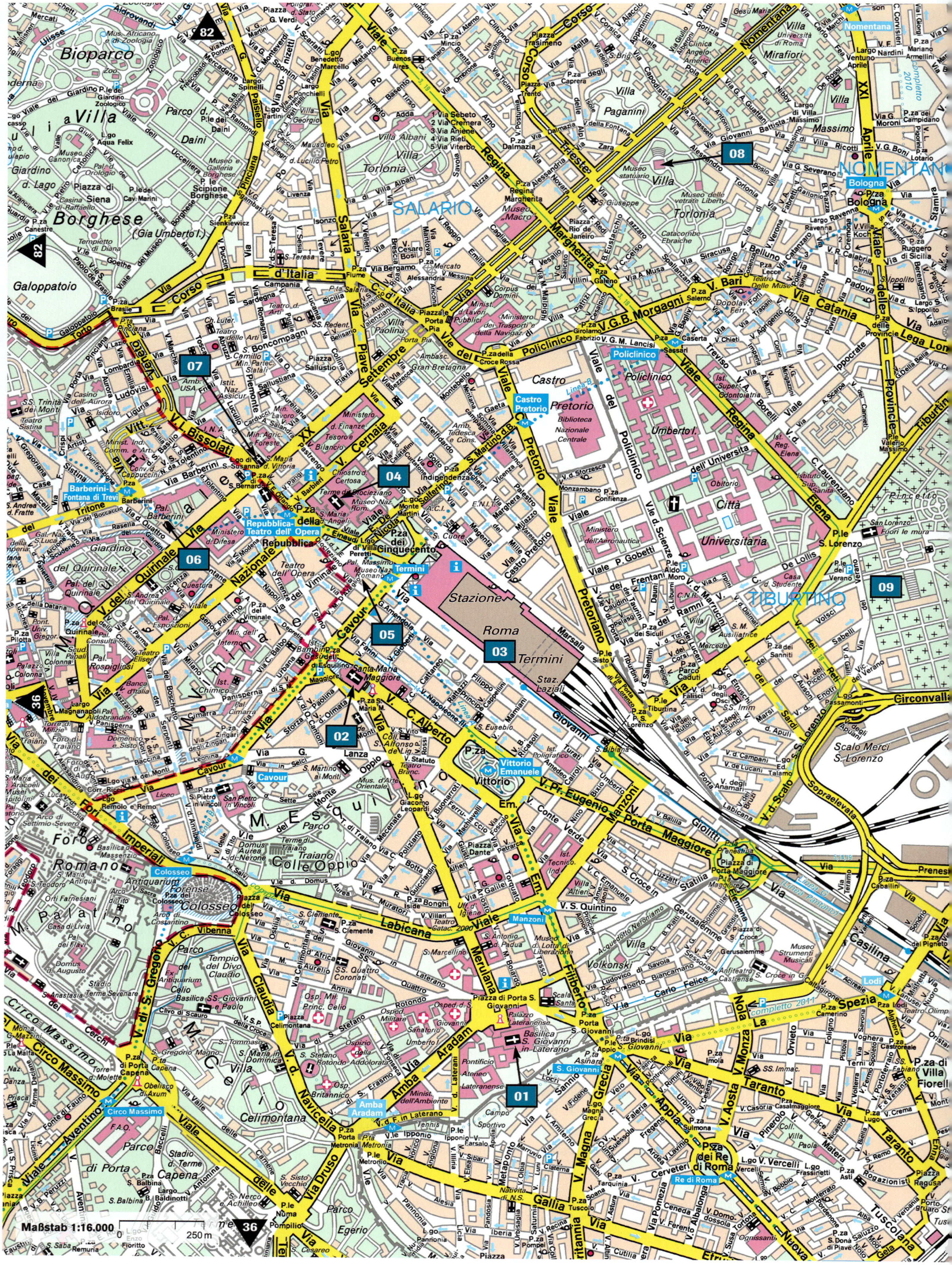
Bioparco
Villa Borghese
Galoppatoio
Villa Torlonia
SALARIO
NOMENTANO
TIBURTINO
Castro Pretorio
Policlinico
Città Universitaria
Stazione Roma Termini
Piazza della Repubblica
Esquilino
Colosseo
Foro Romano
Palatino
Circo Massimo
Celio
Colle Oppio
Villa Celimontana
Piazza Vittorio Emanuele
Piazza di Porta Maggiore
Basilica S. Giovanni in Laterano
Scalo Merci S. Lorenzo
Santa Maria Maggiore
Via Nazionale
Via Cavour
Corso d'Italia
Via Nomentana
Viale Regina Margherita
Via Appia Nuova
Via Casilina
Via Labicana
Via Merulana
Via Tuscolana
Termini
Repubblica-Teatro dell' Opera
Barberini-Fontana di Trevi
Castro Pretorio
Policlinico
Cavour
Colosseo
Circo Massimo
Vittorio Emanuele
Manzoni
S. Giovanni
Re di Roma
Lodi
Bologna
Amba Aradam
01
02
03
04
05
06
07
08
09
82
36
Maßstab 1:16.000
250 m

Endstation Sehnsucht

Zwischen den uralten Straßen Via Nomentana und Via Tiburtina liegt viel touristisches Neuland – und ein großes Stück unverfälschtes Rom. Und wer zwischen den Jugendstilbauten an der Piazza Galeno, an der weitläufigen Parkanlage der Villa Torlonia mit ihren Prunkgebäuden oder den neuen Vierteln jenseits der Piazza Bologna flaniert, der entdeckt das Rom des 19. Jahrhunderts – eine Stadt, die sich nicht mehr in die Aurelianischen Mauern sperren ließ.

01 LATERANKIRCHE

Die Kathedrale von Rom, Ⓜ S. Giovanni, steht in der Hierarchie katholischer Kirchen gleichrangig neben der Petersbasilika. In der Antike befand sich hier der Palast der Patrizierfamilie Laterani. Vom Christenverfolger Nero enteignet, ging deren Vermögen auf den römischen Kaiser über. Konstantin vermachte es im Jahr 312 der Kirche, Papst Silvester ließ um 320 die Basilika erbauen. Karl der Große wurde hier im Jahr 774 getauft. Im 10. und 17. Jh. erfuhr die Kirche von Roms Bischof große bauliche Veränderungen. Borromini integrierte den mittelalterlichen Fußboden, das Apsismosaik (13. Jh.) und die vergoldete Renaissancedecke in die barocke Verkleidung. Links vom Hauptaltar findet sich der mit kostbaren Cosmaten-Arbeiten ausgestaltete Kreuzgang (um 1245).

PIAZZA SAN GIOVANNI IN LATERANO Der **Lateranpalast**, von der Zeit Konstantins bis zum Jahr 1309 die Residenz der Päpste, ist jetzt Sitz der römischen Bistumsverwaltung.

Hauptfassade von San Giovanni in Laterano

Rechts davon steht das **Baptisterium** aus dem 5. Jh. Der Obelisk stammt aus dem Circus Maximus. An der Ostseite findet man die **Scala Santa** – die Heilige Treppe – mit der früheren päpstlichen Privatkapelle Sancta Sanctorum. Die Treppe, sie soll aus dem Haus des Pontius Pilatus stammen, wird heute noch von den Gläubigen auf Knien erklommen.

Tipp

Schöne Mosaiken

Die beiden Kirchen Santa Prassede und Santa Pudenziana unweit von Santa Maria Maggiore gehören zu den ältesten in Rom. Sehenswert sind sie auch wegen ihrer schönen Mosaiken. Santa Prassede wurde im 5. Jh. geweiht und im 9. Jh. mit goldgrundigen Mosaiken im byzantinischen Stil ausgestattet, die u.a. die beiden Heiligen Praxedis und Pudentiana darstellen – die Töchter eines Senators, der den hl. Petrus in seinem Haus aufnahm. Santa Pudenziana entstand im 4. Jh. und wurde später mehrmals umgebaut. Das Apsismosaik aus dem späten 4. Jh. mit der Darstellung des Himmlischen Jerusalem und Christus als Pantokrator ist noch ganz im Kunststil der Spätantike ausgeführt.

Via di S. Prassede/Via Urbana 161, Ⓜ Cavour oder Termini

02 SANTA MARIA MAGGIORE

Als eine der Mutterkirchen der Christenheit gehört S. Maria Maggiore zum Vatikan, Ⓜ Vittorio. An Stelle eines heidnischen Tempels wurde bereits um das Jahr 440 Roms größte Ma-

Santa Maria Maggiore: Bei der alljährlichen Schneewunder-Feier in Erinnerung an das Entstehungswunder dieser Patriarchalbasilika

Die Thermen des Diokletian – heute Museum, einst Kloster

rienkirche errichtet. Noch immer ist der Grundriss der frühchristlichen Basilika zu erkennen, neben der barocken Fassade steht der romanische Glokkenturm (75 m). Unter dem Hochaltar soll sich ein Stück der Krippe von Bethlehem befinden.

INNEN Eine prachtvolle **Kassettendecke** aus dem Jahr 1493, mit Gold aus dem gerade entdeckten Amerika verziert, und ein kostbarer **Cosmaten-Fußboden** (1150) gehören zu den Glanzpunkten der Innenausstattung. Für die **Mosaiken** am Triumphbogen und an den Hochschiffwänden (Leben Jesu und Altes Testament; Marienmosaiken jüngeren Datums), die aus der Gründungszeit stammen, sollte man ein Opernglas mitbringen. Auch einige der mächtigen **Marmorsäulen** sind Überbleibsel der Antike. Die aufwendigen **Apsismosaiken** (um 1490) zeigen die Krönung Marias.

03 STAZIONE TERMINI

Roms größter und zentralster Bahnhof – Endstation Sehnsucht für alle Neuankömmlinge – befindet sich seit dem Jahr 1874 neben dem Gelände der Diokletiansthermen. Im Untergeschoss gibt es eine Ladenstraße mit einem Supermarkt, der bis 24.00 Uhr geöffnet ist.

04 – 05 MUSEO NAZIONALE ROMANO

Die Neugestaltung der Diokletiansthermen bedeutete eine Revolution in der römischen Museumslandschaft. Die lange vernachlässigte, großartige Antikensammlung wurde neu sortiert, teils im Palazzo Altemps und im nahen Palazzo Massimo untergebracht, die Diokletiansthermen wurden nach neuestem museumswissenschaftlichem Stand renoviert.

BESICHTIGUNG Die um das Jahr 300 n. Chr. erbauten **04 Thermen** TOPZIEL wurden im 16. Jh. in ein Kartäuserkloster integriert. In der zentralen Museumsanlage befindet sich jetzt neben einer schier unübersehbaren Sammlung von Statuen, Grabsteinen, Sarkophagen und Säulen eine große Ausstellung antiker Schreibkultur. Eingang an der Piazza della Repubblica, M Repubblica (Di.–So. 9.00–19.45 Uhr).

In das gigantische Tepidarium der ehemaligen Thermen wurde die Basilika **Santa Maria degli Angeli** gebaut, heute Schauplatz feierlicher Staatsbegräbnisse. Im rechten Seitenschiff befindet sich die Linea Clementina, die in den Jahren 1702 bis 1846 die zentrale Sonnenuhr der Stadt war, nach der alle anderen Uhren gestellt werden mussten.

Zum Museum gehört auch das sogenannte **Planetarium** – eine achteckige Thermenhalle mit antiken Skulpturen wie dem berühmten „Thermenboxer" und dem „Griechischen Prinzen". Eingang: Via Orlando (Eintritt frei; Di.–Sa. 9.00–14.00, So. 9.00 bis 13.00 Uhr).

Südlich der **Piazza della Repubblica** ist der **05 Palazzo Massimo alle Terme** ein weiterer Sitz des Römischen Nationalmuseums. Neben der erstklassigen Skulpturensammlung, darunter der von den Nazis geraubte und 1948 zurückerstattete „Diskuswerfer", zeigt es einmalige Bronzereste römischer Schiffe, vor allem aber bedeutende Fundstücke von Schmuckmalerei und Fußbodenmosaiken. Glanzstücke sind die Fresken aus der Villa der Livia in Prima Porta und der Villa Farnesina sowie Marmorintarsien aus der Basilika von Junius Bassus. Eingang: Largo Villa Peretti, M Repubblica (Di.–So. 9.00–19.45 Uhr).

06 PALAZZO BARBERINI

Jener Stadtpalast, den der spätere Papst Urban VIII. Barberini im Jahr 1625 erwarb, ist mit seiner Bernini-Loggia und der Borromini-Treppe ein sehr schönes Beispiel der Prunkentfaltung im Barock. Hunderte von Bienen „schwirren" als Wappentiere der Barberini durch den Palast, der die **Galleria Nazionale d'Arte Antica** beherbergt. Zu den ausgestellten Meisterwerken zählen Raffaels „La Fornarina", Caravaggios „Judith" und „Narziss", Tizians „Venus und Adonis" sowie das Deckenfresko Pietro da Cortonas, „Der Triumph der göttlichen Vorsehung". Im Obergeschoss ist das private Appartement der Barberini-Nachkommen zu besichtigen. Eingang: Via Barberini, M Barberini (Di.–So. 9.00 bis 19.00 Uhr). Auf der **Piazza Barberini** steht Berninis **Tritonen-Brunnen** (1643), ebenfalls eine Arbeit für seinen Mäzen Urban VIII. Dahinter beginnt die **Via Veneto**, eine legendäre Promenade des Dolce Vita (Fellinis Film von 1959 spielte dort), mit Luxushotels und teuren Cafés.

07 SANTA MARIA DELLA VITTORIA

Werke Madernos an der Piazza S. Bernardo sind die barocken Zwillingskirchen S. Susanna (ab 1603) und S. Maria della Vittoria (ab 1605; Fassade 1626 von G. B. Sorias) mit der „Heiligen Theresa von Avila" (1646). Die Marmorgruppe von Bernini gilt als Inbegriff der Barockplastik: Verzückt wirft sich Theresa einem als Jüngling dargestellten Engel entgegen, der den Pfeil göttlicher Liebe auf sie schleudert. Berninis unverkennbar erotische Darstellung dieser Szene

Tipp

Gemütlich speisen

Hinter der Stazione Termini zelebriert Armando a San Lorenzo die echte römische Küche (mit Zertifikat). In den gemütlichen Räumen mit Holzdecken gibt es außerdem Fischgerichte und Pizza aus dem Holzofen.

Piazzale Tiburtino 1/3/5/6,
Tel. 06 495 92 70, Mi. Ruhetag,
M Vittorio Emanuele,
www.armando.tk

Der Najaden-Brunnen auf der Piazza della Repubblica

wurde als skandalös bezeichnet; allerdings schilderte Theresa selbst ihre mystischen Erfahrungen so körperlich, dass seine Deutung Thereasa realem Empfinden recht nahe kommen dürfte.

08 VILLA TORLONIA

Die weitläufige Parkanlage an der Via Nomentana wurde Anfang des 19. Jh. im Stil eines englischen Landschaftsgartens für den soeben in den Adelsstand erhobenen, steinreichen Fürsten Torlonia gestaltet. In den Jahren 1929 bis 1943 war die – über ausgedehnten jüdischen Katakomben liegende – Villa die Residenz Mussolinis, der sie für einen symbolischen Betrag gemietet hatte. Seit 1977 gehört der große Park der Stadt Rom, die sich müht, die vielen Gebäude der Anlage zu restaurieren. Gelungen ist dies mit der kuriosen „Casina delle Civette" (1908–1919), heute Museum für Glaskunst des Jugendstils. Eingang: Via Nomentana 70, Ⓜ Bologna (letzter März-So. bis 30. Sept. Di.–So. 9.00–19.00, 1. März bis letzter März-Sa. und 1. Okt. bis letzter Okt.-Sa. 9.00 bis 17.30, letzter Okt.-So. bis 28. Feb. 9.00–16.30 Uhr; letzter Einlass jeweils 45 Min. vor Schluss).

09 CAMPO VERANO

Vor Roms größtem Innenstadtfriedhof erhebt sich San Lorenzo fuori le mura, die im Zweiten Weltkrieg bei Luftangriffen beschädigte, dann wieder aufgebaute Basilika, die Konstantin bereits um das Jahr 330 stiftete. Der Monumentalfriedhof **Campo Verano**, unter französischer Besatzung 1807 bis 1812 begonnen, beherbergt bis heute die Grabkapellen bedeutender römischer Familien. Für Normalbürger ist ein Grab auf dem Verano unerschwinglich. Deshalb weichen diese auf den riesigen Vorortfriedhof von Prima Porta aus. Ursprünglich nach den geltenden Hygienevorschriften vor den Mauern der Stadt („fuori le mura") angelegt, ist der Campo Verano längst eine grüne Oase inmitten Roms.

Nicht versäumen!

KULTUR

Die „Mutter aller Kirchen"
San Giovanni in Laterano steht in der Hierarchie katholischer Kirchen gleichrangig neben der Petersbasilika. In der Antike befand sich hier der Palast der Patrizierfamilie Laterani, nach der heute ein ganzes Viertel (Lateran) benannt ist.

Siehe Nr. 01

KULTUR

Die Heilige Treppe – Scala Santa
Die Scala Santa soll aus dem Haus des Pontius Pilatus stammen und von Jesu Füßen berührt worden sein. Deshalb erklimmen Gläubige sie nur auf Knien. Sie führt hinauf zur früheren päpstlichen Privatkapelle Sancta Sanctorum.

Siehe Nr. 01

KULTUR

Roms größte Marienkirche
Als eine der sogenannten Mutterkirchen der Christenheit gehört Santa Maria Maggiore zum Vatikan. Roms größte Marienkirche wurde bereits um das Jahr 440 an einer Stelle errichtet, wo früher ein heidnischer Tempel stand.

Siehe Nr. 02

KULTUR

Antike Schreibkultur
Im Museo Nazionale Roma in den Diokletiansthermen befindet sich neben einer schier unübersehbaren Sammlung von Statuen, Grabsteinen, Sarkophagen und Säulen eine große Ausstellung antiker Schreibkultur.

TOPZIEL Siehe Nr. 04

KULTUR

Prunk und Pracht des Barock
Jener Stadtpalast, den der spätere Papst Urban VIII. Barberini im Jahr 1625 erwarb, ist mit seiner Bernini-Loggia und der Borromini-Treppe ein sehr schönes Beispiel der verschwenderischen Prunkentfaltung im Barock.

Siehe Nr. 06

Kunst und Spiele

Dort, wo Rom am grünsten ist, zeigt es sich ganz von seiner eleganten Seite. In den Palästen am Rand des großen Stadtparks Villa Borghese kann man tagelang in der Schönheit von Gemälden und Skulpturen schwelgen: Etrusker, Renaissance, Barock, Moderne – alles ist versammelt. Treffpunkt der Flaneure ist die Piazza del Popolo, Roms für den Autoverkehr gesperrtes Wohnzimmer. Sportfans – vor allem Fußballanhänger – und Freunde großer Stadionkonzerte zieht es dagegen regelmäßig zum Foro Italico.

Moderne Kunst in klassischem Rahmen: Installationen von Daniel Buren im Park der Villa Medici

01

02

03

04

Als Johann Wolfgang von Goethe am 29. Oktober 1786 durch die Porta del Popolo trat, war er „endlich ... in der Hauptstadt der Welt angekommen.“ Wie für den Dichter bedeutete das Stadttor der Via Flaminia damals für viele Fremde das Ziel ihrer Träume. Goethe zog einen Tag nach der Ankunft wenige Schritte von der Piazza del Popolo entfernt als Untermieter in die Wohnung des Malers Tischbein an der Via del Corso 18 ein und blieb monatelang. Dankbarkeit für seine Großzügigkeit war seinem Gastgeber Tischbein allerdings nicht beschieden: Heute heißt seine damalige Wohnung Casa di Goethe, gehört der Bundesrepublik Deutschland, und von dem Maler künden nur noch zwei Farbtiegel auf dem Schreibtisch der Direktorin sowie eine Kopie seines berühmtesten Bildes „Goethe in der Campagna“.

Der diskrete Charme der Bourgeoisie

Was die römische Oberschicht heute unter Eleganz versteht, versinnbildlicht Parioli – das Viertel zwischen den weitläufigen Parkanlagen der Villa Borghese, der Villa Ada und der Villa Glori. Denn viele wohlhabende Römer halten Wohnungen in der Altstadt keinesfalls für „pittoresk“, sondern für zu klein, zu dunkel und zu unbequem. Sie bevorzugen Pariolis breite, von noblen Geschäften gesäumte Boulevards und Alleen, massiv gebaute mehrstöckige Häuser mit Eigentumswohnungen und großzügigen Terrassen. Die Bewohner des neuen Stadtteils werden vom römischen Volksmund Pariolini genannt – einen ähnlichen Eigennamen gibt es sonst nur noch für die Bewohner von Trastevere.

Die Pariolini stehen für den diskreten Charme der römischen Besserverdiener – sie wählen und kleiden sich dezent konservativ und schicken ihre Kinder in katholische Privatschulen. Neuerdings fahren aber auch Römer aus anderen Stadtvierteln nach Parioli, um in einem der schicken Restaurants an der Viale Parioli zu essen, bei „Hungaria“ an der Piazza Ungheria ei-

01 *Das elegante Oval der Piazza del Popolo*
02 *Die Zwillingskirchen an der Piazza del Popolo*
03 *Roms älteste Brücke, der Ponte Milvio*
04 *Beliebter Treffpunkt: die Terrasse des Pincio*

01

02

03

04

05

SPECIAL Fußball in Rom

Lokalderby

Zweimal im Jahr herrscht Ausnahmezustand in Rom, und zwar in der Woche vor dem Derby Lazio Rom gegen die Associazione Sportiva (AS). Dieses weit über die Stadt am Tiber hinaus berühmte Match spaltet die ganze Stadt in Romanisti und Laziali.

Die Herren von Rom

Der AS Rom ist traditionell der Klub der Hauptstädter. Er führt die kapitolinische Wölfin im Wappen und spielt in den Stadtfarben Rot-Gelb. Lazio hingegen gilt als Verein der „Burini" – der von den Römern verachteten „Bauern" aus dem Umland. Beim Lokalderby sind die 70 000 Plätze des Stadions schon Wochen im Voraus ausverkauft. Der jeweilige Gastgeber versucht, mit einer an das alte Rom erinnernden Choreografie samt Götter und Gladiatoren zu beweisen, dass es in der Kapitale eigentlich nur einen würdigen Fußballklub gibt. Wenn es dann endlich losgeht, ist kein Halten mehr. Ein Sieg ist für die meisten Römer, ob Laziali oder Romanisti, mindestens so wichtig wie der italienische Meistertitel für das runde Leder, nach dem Motto: Was kümmert uns der Rest der Fußballwelt, wenn wir die Herren von Rom sind? Dann wird gefeiert – und nicht zu knapp!

nen Drink zu nehmen oder in der „Gelateria" an der Piazza Santiago del Cile Orangen-Schokoladeneis zu schlecken.

Villa Giulia im Kerzenschein

Herrliche Villen säumen den Park der Villa Borghese. Auf ihren ausladenden Terrassen entzünden sich abends die „cere romane" – in Terrakottaschalen liegende Kerzen mit dickem Docht, wie sie seit dem Altertum überliefert sind. Die Musik der Festa schwingt sich dann auf in die Nacht, verfängt sich in den schwarzen Silhouetten der Pinien. Ein exklusives Vergnügen, offen für alle, die sich in die Villa Giulia aufmachen. In der Residenz von Papst Julius III. weisen solche cere romane den Weg in Julius' Renaissance-Zaubergarten: Dort wird stimmungsvoll aufgespielt zum Sommernachtskonzert.

Königin Galleria Borghese

Bevor die Galleria Borghese wieder eröffnet wurde, drohte sie von der barocken Königin der Sammlungen zu einem modernen Mahnmal bürokratischer Schlampigkeit zu verkommen. Vierzehn Jahre lang hatte das Kulturministerium das im Jahr 1615 vollendete, einst verschwenderisch ausgestattete Haus wegen Renovierungsarbeiten geschlossen gehalten. Dabei gehört die Privatsammlung des Papstneffen Scipione Borghese zu den bedeutendsten der Welt. Denn dieser Scipione Borghese war wohl geradezu verrückt nach Bildern. Mit den berühmtesten Künstlern seiner Zeit schloss er Exklusiv-Verträge ab und verbot ihnen, für andere Auftraggeber zu arbeiten. Borgheses Alter Ego wurde der Neapolitaner Gian Lorenzo Bernini, dessen Werke die Kunststadt Rom prägen. Seine schönsten Skulpturen stehen hier in der Galleria.

Kunstsammler ohne Skrupel

Bei der Beschaffung von Bildern legte der Kardinal eine beeindruckende Skrupellosigkeit an den Tag. Einmal beschlagnahmte Scipione Borghese einfach 105 Bilder, darunter einige Caravaggios, als deren Besitzer – der Maler Cavaliere d'Arpino – gerade Probleme mit der Steuer hatte. Der Kirchenfürst schreckte auch nicht davor zurück, Diebe in die Familienkapelle eines Adelsgeschlechts in Perugia zu schicken, um ein dort hängendes Bild zu holen: Raffaels „Grablegung". Auf Bestreben des kunstbesessenen Mäzens wurde Domenichino sogar inhaftiert, weil er sich geweigert hatte, Scipione seine „Jagd der Diana" abzutreten. Besessenheit und Kunstsinn nähren die Legende der Borghese bis heute: Alessandra Borghese, eine Nachfahrin Scipiones, ist eine der erfolgreichsten Ausstellungs-Managerinnen Roms.

01 *Denkmalpflege im Park der Villa Borghese, …*
02 *… in dem ein künstlicher See angelegt wurde*
03 *Großartig: der gesamte Komplex der Galleria Borghese*

04 *Fußballfans vor dem Olympiastadion: Giallorossi, die gelb-roten Stadtfarben trägt AS Rom*
05 *Kunst vor der Villa Glori*

FORO ITALICO
Stadio Olimpico
FLAMINIO
VILLAGGIO OLIMPICO
PARIOLI
PINCIANO
Fiume Tevere
Villa Glori
Parco di Villa Glori
Monti Parioli
Bioparco
Galleria Nazionale d'Arte Moderna
Villa Borghese
Galoppatoio
Monte Pincio
Pza del Popolo
Acqua Acetosa
Euclide
Flaminio - Pzza del Popolo
Lepanto
Stadio Flaminio
Palazzetto d. Sport
Auditorium Parco della Musica
Ponte Milvio
Ponte Flaminio
Ponte del Risorgimento
Viale Tiziano
Via Flaminia
Viale Parioli
Viale Bruno Buozzi
Corso d'Italia
Via Salaria
01
02
03
04
05
06
07
08
09
10
11
12
13
48
72
Maßstab 1:15.000
200 m

Römische Begierden

Auf seiner „Italienischen Reise" konnte Goethe es kaum erwarten, nach Rom zu kommen: »Venedig habe ich gut, Ferrara, Cento, Bologna flüchtig und Florenz kaum gesehen. Die Begierde, nach Rom zu kommen, war so groß, wuchs so sehr mit jedem Augenblicke, dass kein Bleibens mehr war ...« In der Begegnung mit den Kunstwerken der Antike und der Renaissance fand Goethe neue Inspiration – und gewann eine wichtige Erkenntnis: „... man kann sich nur in Rom auf Rom vorbereiten."

Brunnen an der Piazza del Popolo: Die Steinbänke hier sind recht begehrte Plätzchen

01 PIAZZA DEL POPOLO

Die Piazza del Popolo ist für den Autoverkehr gesperrt. In der Mitte steht der Obelisco Flaminio (1200 v. Chr.), den Augustus in die Hauptstadt brachte. Um das Jahr 1820 gestaltete Giuseppe Valadier den Platz vollkommen neu. Von ihm stammen die Löwen unterhalb des Obelisken, die Brunnenanlage am Hang des Pincio, die beiden großen Gebäude auf der West- und Ostseite mit den berühmten Cafés **Canova** und **Rosati**.

KIRCHEN Eine der Lieblingskirchen der Römer ist **S. Maria del Popolo** gleich unter dem nördl. Stadttor. Die im Jahr 1099 gegründete spätere Augustinerkirche wurde von Bramante, dann von Bernini umgestaltet. Raffael entwarf nach 1513 die Chigi-Kapelle, Bernini lieferte die Nischenstatuen „Habakuk" und „Daniel". Zwei Meisterwerke Caravaggios, „Die Bekehrung des Paulus" und „Die Kreuzigung des Petrus" (1602), birgt die Cerasi-Kapelle. Über dem Hauptaltar sieht man Fresken von Pinturicchio (1510). Das angrenzende Augustinerkloster nahm Martin Luther bei seinem Rombesuch auf. Zwischen den barocken Zwillingskirchen **S. Maria di Montesanto** und **S. Maria dei Miracoli** im Süden setzt sich die Via Flaminia als Via del Corso bis zur Piazza Venezia fort, seit der Antike wichtigste Achse der Stadt.

Tipp

Mit Goethe durch Rom

Schlendern Sie doch einmal auf Goethes Spuren durch die „Ewige Stadt"! Der junge Dichter kam Ende Oktober 1786 nach Rom, lebte in einer Art Wohngemeinschaft bei seinem Malerfreund Johann Heinrich Tischbein in der Via del Corso und mischte sich incognito unter die deutsche Künstlerschar, die damals zu Studienzwecken Rom heimsuchte. Besonders faszinierten ihn die antiken Stätten: „Heute habe ich die Nymphe Egeria besucht, dann die Rennbahn des Caracalla, die zerstörten Grabstätten längs der Via Appia und das Grab der Metella, das einem erst einen Begriff von solidem Mauerwerk gibt. Diese Menschen arbeiteten für die Ewigkeit, es war auf alles kalkuliert, nur auf den Unsinn der Verwüster nicht, dem alles weichen mußte."

Casa di Goethe, Via del Corso 18, Di.–So. 10.00–18.00 Uhr, Ⓜ Flaminio, www.casadigoethe.it, www.romaculta.it

02 CASA DI GOETHE

Der Dichter des Werther, des Wilhelm Meister, des Faust und einer staunenswerten Vielzahl weiterer Meisterwerke war von der Ewigen Stadt so begeistert, dass er sich nach einem Spaziergang über den Protestantischen Friedhof zu der Bemerkung verstieg: „O, hier zu liegen, das wäre ja schön, unendlich schöner, als in Deutschland zu leben." Was auch damit zu tun haben mag, dass Goethes berühmte „Italienische Reise" eine bei Nacht und Nebel angetretene Flucht vor den gesellschaftlichen Zwängen in Weimar war, wo er als Minister zwar ein Auskommen hatte, sich in seiner literarischen Arbeit aber wenig inspiriert fühlte. So hielt er sich vom November 1786 bis zum Februar 1787 sowie vom Juni desselben Jahres bis zum April 1788 in Rom auf, wo er an seinem „Torquato Tasso" wie an seinem „Egmont" arbeitete und bald deutlich besser gelaunt war: „Wir gehen fleißig hin und wieder, ich mache mir die Plane des alten und neuen Romas bekannt, betrachte die Ruinen, die Gebäude, besuche ein und die andere Villa, die größten Merkwürdigkeiten werden ganz langsam behandelt, ich tue nur die Augen auf und seh' und geh' und komme wieder, denn man kann sich nur in Rom auf Rom vorbereiten."

Die Wohnung, in der Goethe damals bei seinem Malerfreund Johann Heinrich Wilhelm Tischbein am Corso wohnte, ist heute als Casa di Goethe ein Museum (siehe Tipp „Mit Goethe durch Rom"). Freunde von Kunst und Antiquitäten sollten zwei Straßen östlich in den Ateliers und Läden der Via Margutta stöbern.

Tipp

Zum halben Preis

In einer Seitenstraße der Via del Corso ersteht man im „Discount dell'Alta Moda" Kleider, Schuhe und Accessoires der namhaftesten italienischen Couturiers, von Armani bis Fendi – alles aus der vergangenen Saison. Deshalb gibt es auf die teuren Stücke bis zu 50 Prozent Nachlass.

Via Gesù e Maria 16/a, Tel. 06 361 37 96, Mo. 15.30–19.30, Di.–Sa. 9.00–13.00 und 15.30–19.30 Uhr, Ⓜ Piazza del Popolo

Villa Borghese: Viele Brunnen erfrischen Roms schönen und sehr beliebten Stadtpark

03 – 04 VILLA BORGHESE

Die weitläufige Gartenanlage (17./18. Jh.) des Kardinals Borghese ist seit dem Jahr 1901 Roms bekanntester Stadtpark. Entlang der Aurelianischen Stadtmauer wird der Park von der Schnellstraße des Muro Torto durchschnitten. Vom **03 Pincio-Hügel** (Panoramablick) im Westen mit der Villa Medici (1564–75), in der die französische Akademie untergebracht ist, kann man bis zur Via Veneto im Süden durch den Park spazieren oder radeln (Radverleih auf dem Pincio). Nahe der **Via Veneto** fidet man Roms einziges Kinderkino, das „Cinema dei Piccoli" (Programm in der Tagespresse), und ein beliebtes Karussell. Der **04 Giardino del Lago**, ein See mit Äskulap-Tempel (1787), lädt zum Bootsfahren ein.

VERANSTALTUNGEN Im Mai findet auf der antiken Stadien nachempfundenen Piazza di Siena (1792) ein großes Reiterturnier statt. Ebenfalls im Mai werden auf dem Pincio Modenschauen der römischen Couturiers vor handverlesenem Publikum veranstaltet.

05 – 06 BIOPARCO

Am nordöstlichen Ende der Villa Borghese liegt der Zoo mit seinem schönen Jugendstilportal. Heute heißt er **05 Bioparco** und zeigt vor allem Tiere des Mittelmeerraums: Braunbären, seltene Vögel und Reptilien. Eingang: Piazzale del Giardino Zoologico 1 (tgl. 1. Jan.–23. März und 2. Nov.–31. Dez. 9.30–17.00, 24. März–1. Nov. 9.30–18.00 Uhr (letzter Einlass 1 Std. vor Schluss). Daneben das Naturkundemuseum, das **06 Museo Civico di Zoologia**, in einem Faschismus-Bau mit Sammlungen ausgestopfter Tiere. Eingang: Via U. Aldrovandi 18 (Di.–So. 9.00–17.00 Uhr, Ⓜ Termini, Bus 910).

07 GALLERIA BORGHESE

Aus der Galleria Borghese TOPZIEL wurden unter französischer Besatzung circa 500 Stücke in den Louvre verfrachtet, aber einzigartige Werke blieben in Rom. Dazu gehören Berninis Skulpturen „David" und „Apoll mit Daphne", Canovas „Paolina Borghese" sowie Hauptwerke der Malerei: Caravaggios „Junge mit Fruchtkorb" und seine berühmte „Madonna dei Palafrenieri", die Schlangenmadonna, Tizians „Himmlische und irdische Liebe", Raffaels „Junge Frau mit Einhorn", Sodomas „Heilige Familie", Cranachs „Venus und Amor", Rubens' „Susanna im Bade", Raffaels „Grablegung". Eingang: Piazzale Scipione Borghese 5 (Di.–So. 9.00–19.00 Uhr, Kartenvorbestellung unter Tel. 06 328 10, begrenzter Einlass, Bus 116).

08 GALLERIA NAZIONALE D'ARTE MODERNA

Die Nationalgalerie Moderner Kunst ist Roms erste Adresse für die Moderne. Der zur Weltausstellung im Jahr 1911 konzipierte Bau beherbergt italienische Malerei und Plastik des 19. und 20. Jh.; besonders umfassend die Futurismus-Sammlung. Das elegante Museumscafé ist so „in", dass Paare hier sogar ihr Hochzeitsessen veranstalten. Eingang: Via delle Belle Arti 131 (Di.–So. 8.30–19.30 Uhr, Kartenvorbestellung unter Tel. 06 32 29 01, Ⓜ Flaminio).

09 VILLA GIULIA

Die Etrusker gründeten vermutlich Rom, die sieben sagenumwobenen römischen Könige waren Etrusker. Die Villa Giulia, das um 1550 er-

Tipp

Freiluftgalerie

Die Via Margutta ist nicht nur wegen der Antiquitätenhändler bekannt, sie war auch eine Straße der Künstler, die in den Gärten links und rechts ihre Ateliers hatten. An diese Tradition knüpft die jährliche Ausstellung „Cento Pittori a Via Margutta" an, wo rund 1000 Bilder und Zeichnungen internationaler Künstler aus dieser engen Straße eine Freiluftgalerie machen.

im April/Mai, Ⓜ Flaminio oder Spagna

Eines der schönsten Reitstadien Roms ist die Piazza di Siena, wo im Mai ein großes Turnier stattfindet

richtete Renaissance-Schloss von Papst Julius III., ist seit 1899 Heimstatt des Etruskischen Nationalmuseums, des **Museo Nazionale Etrusco di Villa Giulia** mit seiner riesigen Sammlung von etruskischen Schmuckstücken, Vasen, Urnen und Sarkophagen. Sie gibt einen hervorragenden Einblick in das Leben des von den Römern unterworfenen Kulturvolks. An Sommerabenden finden im Garten oft Konzerte mit klassischer Musik statt. Eingang: Piazzale di Villa Giulia 9 (Di.–So. 8.30 bis 18.30 Uhr, 1. Jan. und 25. Dez. geschl.).

10 PARIOLI

Parioli heißt ein moderner Stadtteil mit vielen diplomatischen Vertretungen und Botschaften. Dazu gehört auch die Residenz des deutschen Botschafters am Heiligen Stuhl in der Via dei Tre Orologi.

RESTAURANTS **Jeff Blynn's**, Viale Parioli 103, Tel. 068 07 04 44 (Mo. geschl.), gilt als eleganter Treffpunkt der Schickeria. Hier schlemmt man Kaviar und Büffelmozzarella, Nudeln mit Schwertfischsauce, aber auch Hamburger. Uriger zu geht es im **La Maremma**, Viale Parioli 93, Tel. 068 08 60 02 (Mo. geschl.). Es gibt Pizza auf römische (dünn und knusprig) oder neapolitanische (dick und weich) Art, Frittiertes und Bruschette.

11 VILLA GLORI

Vom Park aus kann man auf die römische Moschee von 1997 sehen (keine Besichtigung). Sonntags für Freunde von Bildern und Antiquitäten Trödelmarkt vor dem Eingang am Viale Parioli (8.00–18.00 Uhr).

12 FORO ITALICO

Das Foro Italico hieß ursprüngl. Foro Mussolini, daran erinnert noch der Obelisk auf der Piazza de Bosis mit der Inschrift „Mussolini Dux". Auch die Mosaiken auf dem weiten Platz vor dem Olympiastadion, dem Stadio Olimpico (1937, 1990 zur WM renoviert) geben einen Eindruck von der heroisierend-antikisierenden Kunstauffassung der Faschisten. Unter diesem Gesichtspunkt ist das Foro Italico mit dem statuengeschmückten Stadio dei Marmi (1932) vielleicht noch interessanter als der monumentale, teilweise erst nach dem Krieg fertig gestellte Stadtteil EUR im Süden Roms. Östlich der Sportanlagen steht das riesige Ministero Affari Esteri (1938), das Außenministerium.

13 PONTE MILVIO

Roms älteste Tiberbrücke ist für den Autoverkehr gesperrt. Als sie im Jahr 109 v. Chr. erbaut wurde, ersetzte sie eine Konstruktion, die noch auf das 4. Jh. zurückging. Von den vier antiken Tuffsteinbögen sind noch zwei auf der linken Seite zu erkennen. Der klassizistische Stararchitekt Giuseppe Valadier schuf im Jahr 1805 das jetzige Ensemble und integrierte den antiken Brückenturm aus dem Jahr 537 in ein festungsartiges Tor.

Nicht versäumen!

KULTUR

Mit Goethe durch Rom
Die Wohnung, in der Goethe damals bei seinem Malerfreund Tischbein in der Via del Corso wohnte, ist heute als Casa di Goethe ein Museum. Die Rom-Begeisterung des Dichters inspiriert zu ganz eigenen Entdeckungen.

Siehe Nr. 02

SHOPPING

Von Armani bis Fendi: halber Preis!
In einer Seitenstraße der Via del Corso ersteht man im „Discount dell'Alta Moda" Kleider, Schuhe und Accessoires der namhaftesten italienischen Couturiers – alles aus der vergangenen Saison. Deshalb gibt es bis zu 50 Prozent Nachlass.

Siehe Nr. 02

NATUR

Roms bekanntester Stadtpark
Die weitläufige Gartenanlage des Kardinals Borghese ist Roms bekanntester Stadtpark: eine grüne Oase, auch wenn sie entlang der Aurelianischen Stadtmauer von der Schnellstraße des Muro Torto durchschnitten wird.

Siehe Nr. 03 - 04

KULTUR

Meisterwerke von Bernini & Co.
Zu den herausragenden Kunstwerken der Galleria Borghese gehören Berninis Skulpturen „David" und „Apoll mit Daphne" sowie Hauptwerke der Malerei von Caravaggio, Tizian, Raffael, Sodoma, Cranach, Rubens und Raffael.

TOPZIEL Siehe Nr. 07

KULTUR

Das Leben der Etrusker
Das Museo Nazionale Etrusco di Villa Giulia gibt mit einer riesigen Sammlung von etruskischen Schmuckstücken, Vasen, Urnen, Sarkophagen Einblick in das Leben des von den Römern unterworfenen Kulturvolks.

Siehe Nr. 09

2

Raus in die Natur

Zu allen Zeiten sind die Römer aus ihrer geliebten Stadt ins Umland geflohen, vor der Sommerhitze, zum Spaziergang an einem der vielen Seen oder zum Essen – in aller Ruhe. In Tivoli bauten sich Kaiser Hadrian und später Kardinal d'Este großartige Villen. Noch mittelalterlich, voller Burgen, Kirchen und Klöster, sind die Dörfer der Sabiner Berge. Seit Goethes Zeiten ziehen die Castelli Romani Reisende an. Sanfte Hügel, Volksfeste und Wein – diese Mischung stimmt bis heute.

Kein Strand ohne Geschichte: In Santa Severa badet man unter der Burg

01

02

03

04

Die perfekte Verbindung von Kunst und Natur, von Pflanzen und Licht machten die Villa d'Este zum Inbegriff des Vergnügungsparks.

Kaiser Hadrian (76–138) hatte sich in der lauten, chaotischen Metropole nie richtig wohl gefühlt. Allzu sehr unterschied sich Rom von seiner südspanischen Heimat Andalusien; die Machtintrigen und das Zeremoniell am Hof langweilten ihn. Der Kaiser, ein gebildeter und sensibler Mann, war auch ein erfolgreicher Feldherr. Seine Kriegszüge führten ihn die entferntesten Gegenden des Imperiums. Kein Wunder, dass Hadrian sich auf die Ländereien seiner Frau nach Tivoli zurückzog und sein Domizil an Bauten orientierte, die ihn in Griechenland und Ägypten beeindruckt hatten. So ahmt der Kanopos im südlichen Zipfel der Anlage den Kanal zwischen Alexandria und Kanopos nach und einen im Altertum berühmten Tempel des Sarapis. Dort befand sich ein Orakel, das ihm wohl den frühen Tod seines Geliebten Antinous prophezeit hatte. Statuen des Antinous zierten viele Winkel der Residenz. Hadrian hatte ihn zum Gott erhoben und ihm sogar einen Tempel geweiht. Seine Mußestunden verbrachte der Kaiser in der Bibliothek oder im Teatro Marittimo – letzteres ist kein Theater, sondern eine Insel mit drehbaren Brücken und Ruheräumen: ein Ort zum „Aussteigen". Später zog es Kardinal Ippolito d'Este nach Tivoli. Die perfekte Verbindung von Kunst und Natur, von Pflanzen und Licht machten seinen Renaissancepark zum Inbegriff des Vergnügungsparks. Seine ganze Wirkung entfaltet der Park an schönen Sommertagen, wenn die rund 500 Springbrunnen ihn inmitten glühender Hitze zu einer grünen Oase der Frische und Ruhe machen.

Caligula und die Göttin der Jagd

Caligula (12–41) liebte das Spektakel. Mit einer Regatta von Luxusbarken feierte er die Jagdgöttin Diana auf dem Nemisee. Sein Nachfolger Claudius versenkte später die sehr verschwenderisch ausgestatteten Schiffe. 1928 ließen Archäologen auf Anweisung Mussolinis den See auspumpen, um die Schiffe zu bergen, die in ein Museum am Ufer geschafft wurden. 1944 brannten sie im Krieg aus, jetzt sind noch ihre Modelle zu besichtigen. Heute ist Nemi für sein Erdbeerfest berühmt. Die Früchte aus den Wäldern rings um den Lago di Nemi gelten als besonders aromatisch und waren schon für die Kirchenfürsten der Renaissance eine Delikatesse. Zur Infiorata am anderen Seeufer kommen Touristen aus ganz Mittelitalien. Am Sonntag nach Fronleichnam werden die Straßen vor Genzanos Kirche Santa Maria della Cima zum Blumenteppich: Das Blumenfest entstand bereits um das Jahr 1780 aus dem Volksbrauch, zur Corpus-Domini-Prozession Fenster und Türen mit Blumen zu schmücken.

01 *Villa Adriana (Hadriansvilla): das säulenumrankte Nordende des Canopo, der den Nilkanal von Kanopos nachbilden sollte*
02 *Tivoli: Villa Gregoriana und …*

03 *die Wasserspiele der Villa d'Este*
04 *Die Villa Adriana gehört zum Weltkulturerbe der UNESCO*

01

02

03

Der Papst verbringt in Castel Gandolfo die Sommerfrische. Und die Wachen trainieren in ihrer Freizeit das Radfahren um den Vulkansee.

Des Kaisers liebstes Kloster

Die Herrscher aus dem Norden hatten dem Heiligen Vater ein Kuckucksei ins Nest gesetzt: die reiche und mächtige Abtei von Farfa. Von den Langobarden gegründet, entriss Karl der Große sie dem Einfluss des Papstes und unterstellte das Benediktinerkloster direkt dem Kaiser, als äußersten Vorposten der Karolinger in kirchlicher Hemisphäre. Farfa wurde die reichste und mächtigste Abtei Europas, bis 891 die Sarazenen im Kloster einfielen. Otto der Große fand nach seiner Kaiserkrönung nur Ruinen vor, doch auch er erkannte die strategische Bedeutung des Klosters und stattete es erneut mit viel Geld und Macht aus. Im Investiturstreit zwischen Kaiser Heinrich IV. und Papst Gregor VII. um das Jahr 1075 stellte sich Farfa auf die Seite des Kaisers – eine offene Herausforderung für Rom. Heinrich ging nach Canossa, Farfa fiel an den Papst und musste fortan für seine Vergangenheit büßen. Aus der glanzvollen Kaiserpfalz wurde ein Zankapfel machtbesessener Landadliger.

Urlaub für den Papst

Als sich seine Kardinäle in den Castelli Romani ihre pompösen Landsitze errichten ließen, konnte der schwerreiche Barberini-Papst Urban VIII. nicht zurückstehen. Noch heute gehört der um das Jahr 1630 von

01 *Auf dem Erdbeerfest in Nemi am zweiten Sonntag im Juni tragen viele Tracht*
02 *Einst feierte Caligula am Nemisee die Jagdgöttin*
03 *Blumenteppiche zum Infiorata-Fest in Genzano*

Jede Stadt erzählt ihre eigene Geschichte, jede Burg eine neue Legende

02

03

SPECIAL Vor den Toren von Rom

Sonntags auf dem Land

Sonntags sind zwischen Velletri und Frascati die Gasthäuser zum Bersten voll. Wer immer kann, der bricht auf, um den Tag des Herrn vor den Toren Roms zu verbringen.

Üppig essen, un caffè und due passi

Der Schmaus auf dem Land ist ein Ritus, der zum Festtag gehört wie die Messe und das Fußballspiel und der mindestens mit gleicher Inbrunst zelebriert wird. Die Atmosphäre in den Gaststätten ist meist lärmig und familiär, die Portionen sind fast überall riesig, und das Personal ist sehr geschäftig. Zur typischen Trattoria in den Castelli gehört ein großer offener Kamin, auf dem Fleisch vom Rind, Lamm, Wildschwein sowie fette Würste gegrillt werden. Dazu isst man „cicoria" – ein vielerorts noch wild wachsendes, leicht bitteres Gemüse, das nach dem Kochen mit Knoblauch und scharfen Peperoni in der Pfanne gewendet wird. Als krönender Abschluss des Menüs darf etwa Großmutters Pinienkuchen nicht fehlen. Das üppige Sonntagsessen dauert gute zwei Stunden, danach trinkt man noch einen Kaffee und unternimmt „due passi" – zwei Schritte – zu einem Spaziergang, bevor es zum Abendessen wieder nach Hause geht. Wenn die Sonne im Meer versinkt, steht dann halb Rom auf der Via Appia im Rückkehrerstau.

Villa Aldobrandini in Frascati: Kardinalsvilla und Park

Carlo Maderno erbaute riesige Palast hoch über dem Albaner See dem Vatikan. Der Papst verbringt in Castel Gandolfo, begleitet von der Schweizergarde, die Sommerfrische. Und die Wachen trainieren in ihrer Freizeit das Radfahren um den kreisrunden Vulkansee. Sonntags um 12.00 Uhr kommen die Gläubigen zum Angelus-Gebet in den Innenhof des Papstpalastes. Das ist die einzige Gelegenheit, den Heiligen Vater zu Gesicht zu bekommen, denn die Residenz ist für die Öffentlichkeit nicht zugänglich. Lediglich einige Wissenschaftler dürfen der päpstlichen Sternwarte unter dem Dach ihre Aufwartung machen. Auch der Papst schaut dort hin und wieder durch das große Himmelsfernrohr, aus dem man, versichern die Astronomen, das Grüne Leuchten über dem Mittelmeer erspähen kann.

„Unser Meer!"

„Mare nostrum" – „unser Meer" – nannten die alten Römer das Mittelmeer, Kernstück ihres Imperiums und der antiken Welt. Es ist ein altes Land und ein alter Strand im Norden von Rom. Lange vor den Römern herrschten hier die Etrusker. Genauso prächtig wie rätselhaft blieben ihre Spuren, die sie in Städten wie Tarquinia und Cerveteri hinterließen. Auf Badeurlauber warten feine Strände und schicke Restau-

01 *Rocca Sinibalda mit Burg*
02 *Farfa ist ein mittelalterliches Kloster …*
03 *… bei Fara in Sabina*

01

02

03

04

Wer mag, der kann erst in die Wellen abtauchen und dann in die Vergangenheit

rants von Ostia bis Santa Severa. Und wer mag, der kann erst in die Wellen abtauchen und dann in die Vergangenheit. Jede Stadt erzählt ihre eigene Geschichte, jede Burg eine neue Legende.

Ostia Antica …

Ostia, angeblich nach einem Wutanfall Kaiser Claudius' gegründet, der einmal vor der verstopften Tiber-Wasserstraße stundenlang warten musste, ohne einen Fuß an Land setzen zu können, war der bedeutendste Hafen des antiken Italien und Umschlagplatz für Waren aller Art, die in den riesigen Märkten der Städte landeten. Getreide aus Afrika, Datteln aus den Wüstenoasen, Äpfel, Birnen und Feigen aus Griechenland, Pflaumen aus Damaskus, Pfeffer aus dem Orient – in Ostia kam alles an. Der Weinhandel erlebte seine erste Blüte, Öl und Salz kamen aus Süditalien. Bis heute lebt Ostia von seinem alten Hafen, denn die romantische Ruinenstadt Ostia Antica lockt jedes Jahr Hunderttausende von Besuchern an.

… und die „neue" Badestadt

Vor allem aber profitiert der Ort erneut von seinem mächtigen Nachbarn: Fast alle Touristen an Ostias Stränden sind Römer, fast alle kommen am Morgen mit Auto oder Bahn und fahren am Abend wieder

01 *Antike Heldenstatue und …*
02 *… Fischhandlung der Römer sowie …*
03 *… Theatermasken in Ostia Antica*
04 *Kastell Papst Julius' II. in Ostia Antica*

01

02

heim. Die Badeanstalten am Lungomare sind für die Hauptstädter wieder schick geworden, nachdem Rom über Ostia und dessen mittlerweile etwas abgestandenen Charme lange die Nase gerümpft hatte. Doch die expandierende Badestadt hat sich neu herausgeputzt, die Wasserqualität ist dank guter Kläranlagen wieder annehmbar, und im benachbarten Fiumicino findet man bessere Fischrestaurants als in Rom. „In" sind weiter nördlich auch die trocken gelegten Sümpfe von Maccarese und Fregene mit ihrem riesigen Pinienwald. Hierhin zieht es im Sommer so viele VIPs der Hauptstadt, dass Roms Traditionszeitung „Il Messaggero" eigens einen Korrespondenten in Fregene unterhält, der jede Nacht heiße News aus der Stranddisco schickt.

Etrusker-Metropole Cerveteri

Als Rom noch eine kleine, unbedeutende Provinzstadt war, hatten die Etrusker im Nordwesten ihre blühende Kultur. Unermesslich reich war ihre im 9. Jh. v. Chr. gegründete Stadt Tarquinia im Norden des Tolfa-Gebirges – die weltberühmten Gräber mit ihren farbenprächtigen Malereien künden noch heutigen Besuchern davon. Die Totenstadt von Tarquinia berichtet von Jagden, üppigen Festgelagen und Flötenspielern. Cerveteri im Süden der Monti della Tolfa war eine der größten Städte des Mittelmeerraums – mit insgesamt acht Tempeln und drei Seehäfen: Alsium, Pyrgi und Punicum. In diesem antiken Ambiente gehen die Römer heute gern baden, die Häfen der Etrusker heißen jetzt Ladispoli, Santa Severa und Santa Marinella.

„Adelsfeste" in Bracciano

Von wegen: einfacher Landadel! Wer im Mittelalter Papst werden wollte, der kam an den Orsini nicht vorbei. Jahrhundertelang herrschte die Familie mit dem Bären (Orso) im Wappen über ganz Latium. Selbst im Exil von Avignon mischten die

01 *Der Palazzo Farnese in Caprarola*
02 *Etrusker-Hügelgräber in Cerveteri*
03 *Die Gartenanlagen des Palazzo Farnese …*
04 *… laden immer wieder zum Verweilen ein*

01

02

03

04

Die Städter schätzen die Stille in der unverbauten Gegend rund um Viterbo und die großen Portionen in den Landgasthäusern.

Orsini mit. Belohnt wurden sie mit den reichsten Latifundien im Kirchenstaat. Ihr Stammsitz wurde das Schloss von Bracciano. 1696 ging es mit den Orsini bergab, sie mussten an die Odescalchi verkaufen, denen Bracciano bis heute gehört. Das römische Adelsgeschlecht feiert auf der alten Burg rauschende Feste, aber man bleibt dabei aus schnöden Geldgründen schon längst nicht mehr unter seinesgleichen. Das Kastell kann man mieten und die Prinzen Odescalchi machen damit Geschäfte.

Ferienwohnung im Viterbese

Ein Haus auf dem Land – viele Römer haben sich diesen Traum erfüllt. Manche pendeln das ganze Jahr über zur Arbeit in die Hauptstadt, andere tun es nur im Sommer, wenn die Familie während der dreimonatigen Schulferien „draußen“ ist. Im nördlichen Latium ist die Zahl der Zweitwohnungen stark gestiegen. Das ist ein Zeichen für wachsenden Wohlstand, aber auch für eine immer größer werdende Stadtmüdigkeit. Wer nicht kaufen will, der kann mieten: Mittlerweile sind die Agenturen auf dem Land darauf spezialisiert, Ferienwohnungen für wenige Monate oder einen längeren Zeitraum zu vermitteln. Ganz oben auf der Beliebtheitsskala steht il Viterbese, die Landschaft um Viterbo. Uralte Städtchen wie Sutri, Caprarola, Tuscania oder Soriano sind an Wochenenden voll mit Besuch aus Rom. Die Städter schätzen die Stille in der unverbauten Gegend und die großen Portionen in den Landgasthäusern. Ein Trip in die Geschichte oder ein Badeausflug an die Vulkanseen von Bracciano, Vico oder Bolsena, Wanderungen durch dichte Eichenwälder oder ein Ausflug zum Kastaniensammeln – in der römischen Toskana ist das alles möglich.

Bagnaia und Bomarzo

Alle großen Adelsresidenzen der Provinz Viterbo sind auf Fresken der Gartenloggia der Villa Lante in Bagnaia dargestellt. Die im Jahr 1566 entstandene Sommerresidenz des Kardinals Gambara besitzt einen herrlichen Garten mit uralten Platanen, manieristischen Brunnenanlagen, Heckenlabyrinthen und der Mensa del Cardinale – dem großen Festtisch, an dem die Gäste im Freien speisen durften. Weitaus größere Attraktionen bot Vicino Orsini seinem Besuch. Der für ihn im Jahr 1550 geschaffene Parco dei Mostri ist eine Art Disneyland des Manierismus. In einen Wald unterhalb seiner Burg in Bomarzo ließ der Adlige seine Fantasien und Obsessionen in Stein meißeln: Riesenfratzen, Monster, Drachen, Elefanten, Schildkröten, Brunnen, Grotten und ein schiefes Haus, alles in allem eine Mischung aus Lustgarten und Alptraum.

01 *Villa Lante in Bagnaia*
02 *Romanisch: der Glockenturm von Viterbo*
03 *Romantisch: die Altstadt von Viterbo*
04 *Park der Monstren in Bomarzo*

01
02
03
04
05
06
07
08
09
10
11
12
13
14
15
16
17
ROMA
CITTÀ D. VATICANO
VITERBO
RIETI
TARQUINIA
TUSCANIA
CIVITAVECCHIA
TOLFA
VETRALLA
SUTRI
CAPRANICA
RONCIGLIONE
CIVITA CASTELLANA
BRACCIANO
CERVETERI
TIVOLI
FRASCATI
PALESTRINA
ALBANO LAZIALE
MONTEROTONDO
CITTADUCALE
SORIANO NEL CIMINO
BOMARZO
ORTE
CANINO
NEPI
Ladispoli
Fiumicino
Lido di Ostia
Santa Marinella
S. Severa
Castel Gandolfo
Ariccia
Marino
Grottaferrata
Ciampino
Colleferro
Artena
Lago di Bracciano
L. di Vico
Monti Cimini
Monti Sabatini
Monti della Tolfa
Monti Sabini
Monti Tiburtini
Colli Albani
Parco d. Monti Lucretili
Parco Veio
Maßstab 1:410.000
0
6 km

Das grüne Leuchten

Die Küste bei Rom ist voller Sagen und Mythen. Auch Äneas soll nach der Flucht aus dem brennenden Troja hier gelandet sein, um die Sippe zu gründen, der später der Stadtgründer Romulus entsprang. Schon bald aber war es den Römerinnen und Römern im Sommer viel zu heiß in der Stadt, und so zog es sie hinaus ans Meer oder in die Berge, wo selbst der Papst auf seinem Sommersitz Castel Gandolfo durch sein Himmelsfernrohr das grüne Leuchten über dem Meer sehen kann.

01 ROCCA SINIBALDA

Über dem hübschen Dorf am Turano dominiert eine gewaltige Burg die eindrucksvolle Landschaft der Sabiner Berge, Monti Sabini. Kardinal Alessandro Cesarini ließ das Kastell mit dem Grundriss eines Adlers im 16. Jh. errichten (Sa./So. 9.00–10.00, im Sommer auch 16.00 bis 17.00 Uhr). Auf der zentralen Piazza des Dorfes bietet die „Osteria del Papero" einen Querschnitt aus der guten Küche der Gegend (Mo. geschl.).

In der „Osteria del Papero" in Rocca Sinibalda

02 MONTELEONE SABINO

Hinter dem Ortsausgang des Bergdorfs liegt die Kirche Santa Vittoria (Schlüssel im Dorf erfragen!), eines der schönsten romanischen Bauwerke Latiums (ca. 2 km östl.). Im 3. Jh. soll hier bereits eine – der hl. Viktoria geweihte – Kirche gestanden haben. Die antiken Fundstücke auf der Wiese vor dem Portal zeugen davon, darunter auch zwei Marmorlöwen aus der Römerzeit, die Monteleone seinen Namen gaben. Die heutige Kirche stammt aus dem 11. Jh. und zeigt in ihrem Vorraum Fresken aus dem 13. Jh. Vor dem Hochaltar findet man eine Zisterne mit angeblich heilkräftigem Wasser. Rechts führt eine kleine Holztür mit einer Inschrift aus dem Jahr 1156 in die frühchristliche Katakombe mit einem antiken Sarkophag, der der Legende nach die Überreste der hl. Viktoria enthielt (Taschenlampe zur Erkundung mitnehmen!).

UMGEBUNG Interessante Ausgrabungsreste von Thermen und Forum des Orts **Trebula Mutesca** (an der Straße zum Dorf), der im 2. Jh. seine Blüte hatte.

03 FARA IN SABINA

An der Dorfstraße dieses kleinen Dorfes in den Sabiner Bergen (Monti Sabini) findet man als einziges Restaurant die Trattoria „Lupi" mit deftigem Essen (Mi. geschl.). Hinzu kommen mehrere Kunstgewerbeläden mit handgewebtem Leinen sowie typischer Keramik.

SEHENSWERT Die im 6. Jh. gegründete Abtei (Abbazia di Farfa) war im Mittelalter eines der religiösen und kulturellen Zentren, dessen Besitz bis in die Marken und die Abruzzen reichte. Heute leben darin knapp ein Dutzend Benediktiner. In der zweiten Hälfte des 15. Jh. neu errichtet wurde die Klosterkirche mit gotischem Portal. Die Säulen des dreischiffigen Baus sind antiken Ursprungs, die Kassettendecke stammt aus dem 15. Jh. An den Wänden sieht man Fresken von Orazio Gentileschi. Sehenswert sind zudem der Cosmaten-Fußboden und das Wandfresko „Jüngstes Gericht" aus der flämischen Schule des 16. Jh. Das Scriptorium mit der Produktion von Miniaturbibeln und anderen Schriften erlangte im Mittelalter internationalen Ruf. Führungen Sa. und So. 10.30, 11.30, 12.30, 15.30, 16.30, 17.30 Uhr, an Feiertagen nach Voranmeldung (Tel. 07 65 27 73 15; Mo. geschl.). Im Klosterladen gibt es Honig, Olivenöl, Wein und Kosmetik.

INFORMATION
APT di Rieti, Via Cintia 87, I-02100 Rieti, Tel. 07 46 20 11 46, www.apt.rieti.it

04 TIVOLI

Die Stadt (52 000 Einw.) hieß in der Antike Tibur. Seit der römischen Kaiserzeit war sie wegen ihrer Lage und den heilenden Schwefelquellen ein beliebter Erholungsort für die Römer.

VILLA GREGORIANA Im mittelalterlichen Stadtkern liegt die Villa Gregoriana, Largo S. Angelo, die Papst Gregor XVI. im Jahr 1835 anlegen ließ, nachdem der Fluss Aniene zum Schutz vor Hochwasser umgeleitet worden war. Dabei entstanden auch die 160 m hohen Wasserfälle. Von der Parkanlage hat man einen schönen Blick auch auf den Sibyllentempel (1. Jh. v. Chr.) und den sogenannten Rechteckigen Tempel (1.–31. März und 16. Okt.–30. Nov. Di.–So. 10.00–14.30, 1. April–15. Okt. 10.00–18.30 Uhr, 1. Dez.–28. Feb. nur auf Anfrage, Tel. 06 39 96 77 01; letzter Einlass 1 Std. vor Schluss).

VILLA D'ESTE Eine der schönsten Renaissanceschöpfungen ist die Villa d'Este, Piazza Villa d'Este (Di.–So. 8.30 Uhr bis eine Stunde vor Sonnenuntergang). Gebäude und Park wurden nach dem Jahr 1550 von Pirro Ligorio für den Kardinal Ippolito d'Este geschaffen. Luigi und Alessandro d'Este vollendeten die „Königin der Villen" im 17. Jh. Später kam sie in den Besitz der Habsburger, 1918 übernahm der italienische Staat die Anlage mit den 500 Springbrunnen, Fontänen und Wasserbecken (Di.–So. 8.30 Uhr–1 Std. vor Sonnenuntergang, Veranstaltungen im Sommer siehe Tagespresse).

VILLA ADRIANA Die berühmte **Hadriansvilla** TOPZIEL (ca. 5 km südwestlich), Via di Villa Adriana 204 (tgl. 9.00 Uhr bis eine Stunde vor Sonnenuntergang), heute UNESCO-Weltkulturerbe, ließ sich Kaiser Hadrian im Jahr 118 als Rückzugsort anlegen. Im Jahr 130, mit 54 Jahren, zog er endgültig dorthin. Auf der ausgedehnten Anlage ließ der Herrscher Orte und Bauwerke, die ihn auf Reisen durch das Römische Imperium beeindruckt hatten, in kleinem Maßstab nachbilden – so Kanopos und Serapis-Tempel, die Reminiszenz Hadrians an die ägyptische Stadt Alexandria, die Piazza d'Oro mit ihrem geradezu rokokohaften Ensemble einer Säulenhalle, eines achteckigen Kuppelsaals und den Repräsentationsräumen, das Teatro Marittimo mit der „Leseinsel".

INFORMATION
I.A.T., Largo Garibaldi, I-00019 Tivoli, Tel. 07 74 33 45 22, Fax 07 74 33 12 49

05 FRASCATI

In dem kleinen Ort der Castelli Romani erholten sich schon Brutus, Cäsar, Lucullus und später die römischen Kardinäle von der Sommerhitze. Um das Jahr 1600 entstanden hier elf repräsentative Landsitze, die zu Goethes Zeiten noch romantisch im Mondschein zu besichtigen waren. Heut sind sie heute großteils verschlossen. Eine Ausnahme ist die **Villa Aldobrandini:** Die von Giacomo della Porta und Carlo Maderno erbaute schönste der Kardinalsvillen (1598–1604) hat auch einen sehenswerten Park,

Via Cardinale Massaia 12 (Mo.–Fr. 9.00–13.00 und 15.00–17.00/18.00 Uhr, nach tel. Voranm., Tel. 069 42 03 31).

UMGEBUNG **Tusculum** war ein beliebter Ferienort der Highsociety im antiken Rom. Reste eines Amphitheaters, des Forums und der sogenannten Tiberius-Villa sind zu besichtigen.

INFORMATION
I.A.T., Piazza Marconi, I-00044 Frascati,
Tel. 069 42 03 31, Fax 069 42 54 98

06 GROTTAFERRATA

Die bereits im Jahr 1004 auf den Ruinen einer antiken Villa gegründete Abtei in den Castelli Romani wurde vom späteren Papst Julius II. zu einem Renaissance-Kloster ausgebaut. Heute bewohnen es Mönche, die sonntags die Messe nach griechisch-orthodoxem Ritus zelebrieren (Liturgiefeiern an So. und Fei. um 7.30, 9.30 und 11.00 Uhr, an Werktagen die erste um 6.00, die letzte um 20.00 Uhr).

07 CASTEL GANDOLFO

Der Ort thront in einer herrlichen Lage auf 426 m Höhe über dem Albaner See zu Füßen der Albaner Berge (Colli Albani). Dort hat der Papst seit dem Jahr 1624 seine Sommerresidenz.

UMGEBUNG Der **Albaner See** unterhalb des Orts hat wunderbar klares Wasser, aber nur einen winzigen Badestrand mit schwarzem Sand. Wegen ihres Panoramas zu empfehlen ist die Via dei Laghi von **Marino** (ca. 10 km nördl.) nach **Nemi**. Ein Abstecher ins mittelalterliche **Rocca di Papa** (ca. 3 km östl.) bietet sich an.

08 NEMI

Vom Castelli-Ort Nemi am gleichnamigen See sagte Papst Pius II. (1458–64), es sei der Ort der Musen und der Nymphen. Bekannt sind das Erdbeerfest am 2. So. im Juni, das Blumenfest (Infiorata) am So. nach Fronleichnam in Genzano.

MUSEUM Das **Museo delle Navi romane** am Seeufer zeigt Modelle antiker Vergnügungsschiffe (Mo.–Sa. 9.00–19.00, So. 9.00–13.00).

UMGEBUNG Am Westufer liegt der mittelalterliche Ort **Genzano**. Hauptsehenswürdigkeit: der imponierende Palazzo Sforza Cesarini (Via Buozzi).

09 BOMARZO

Schon im Altertum gab es die Siedlung Polimartium hoch über dem Tibertal. Unterhalb der Burg (1525–1583) liegt der mit Statuen geschmückte **Parco dei Mostri** (Privatbesitz), den Vicino Orsini um das Jahr 1550 anlegen ließ (tgl. 8.00 Uhr bis Sonnenuntergang).

10 VITERBO

Weil Rom für manche Kirchenfürsten ein gefährliches Pflaster war, residierten in den Jahren 1257 bis 1281 acht Päpste im Papstpalast der heutigen Provinzhauptstadt (60 000 Einw.) Viterbo. Einer von ihnen, Urban IV., setzte sogar niemals einen Fuß ins aufrührerische Rom.

SEHENSWERT Mittelalterlich ist das Stadtviertel um die **Via San Pellegrino**. An der gleichnamigen Piazza liegen der **Palazzo degli Alessandri** (13. Jh.) und die **Fontana Grande** (1279). Vom gotischen **Palazzo Papale** (1255 bis 1266) ist die Loggia, von der aus die neu gewählten Päpste das Volk segneten, gut erhalten. Im Papstpalast fand das Konklave statt. In der Kathedrale **S. Lorenzo** nebenan findet man das Grabmal Papst Johannes' XXI., der im Jahr 1277 von seiner Bibliothek erschlagen wurde.

MUSEUM Das in einem gotischen Kloster untergebrachte **Stadtmuseum** (Museo Civico, Piazza Crispi, Di.–So. 9.00–18.00 Uhr) präsentiert Exponate von von der Etruskerzeit bis zum Mittelalter.

UMGEBUNG In **Bagnaia** (1,5 km östl.) liegt die manieristische Villa Lante (Di.–So. 9.00 Uhr bis eine Stunde vor Sonnenuntergang).

INFORMATION
Ufficio turistico, Via Ascenzi 4, I-01100 Viterbo,
Tel. 0761 32 59 92, www.comune.viterbo.it

11 CAPRAROLA

Der unscheinbare Ort unweit des Lago di Vico lebt noch vom Glanz des Palazzo Farnese. Die im Jahr 1573 fertig gestellte Residenz des Papstenkels Alessandro Farnese gilt als Meisterwerk des Manierismus. Das Zedernholz im Turmzimmer verströmt einen betörenden Duft, im Saal der Engel kann man akustischen Spezialeffekten lauschen, mit denen Kardinal Farnese seine Gäste unterhielt (1. Nov.–28. Feb. tgl. 9.00 bis 16.00, 1. März–15. April und 16. Sept.–31. Okt. 9.00 bis 16.30, 16. April–15. Sept. 9.00–18.30 Uhr).

12 SUTRI

Die kleine Stadt auf einem Tuffsteinplateau ist etruskischen Ursprungs und war im Mittelalter ein heiß umkämpfter Zankapfel römischer Adelsfamilien.

SEHENSWERT Das **Theater** (Anfiteatro) an der Via Cassia Richtung Rom ist ein Zeugnis etruskischer Baukultur. In der Nachbarschaft findet man eine etruskische Nekropole mit rund 60 Gräbern (beide im Sommer Di., Mi., Fr., So./Fei. 8.30–13.30, Do. und Sa. 8.30 bis 1 Std. vor Sonnenuntergang, im Winter Di.–So./Fei. 8.30–13.30 Uhr).

INFORMATION
Ufficio turistico,
Piazza del Comune 45, I-01015 Sutri,
Tel. 0761 60 93 80,
www.comune.sutri.vt.it

Tipp

Essen, trinken, tanzen ...

Im Kirby's Beach, dem größten Lokal von Ostia, kann man nicht nur essen und trinken, sondern auch tanzen, sich bei Karaoke und Kabarett amüsieren sowie Fußballmeisterschaften auf Riesenbildschirmen verfolgen.

Ostia, Via delle Antille 41,
Tel. 065 69 69 85, www.kirbysbeach.it

13 LAGO DI BRACCIANO

Der kreisrunde Vulkansee ist nicht überall zugänglich, was seiner Flora und Fauna gut bekommt. Hechte, Schleien, Barsche, Muränen, Aale leben in dem dunklen Wasser, über dem Gabelweihen und Fischadler kreisen.

SEHENSWERT Hübsch sind die mittelalterlichen Ortskerne von **Anguillara Sabazia**, **Trevignano Romano** und **Bracciano** mit traditionellen Tuffsteinhäusern. Die Burg von Bracciano, Castello Orsini-Odescalchi, wurde 1470 von Napoleon Orsini erweitert (Führungen 1. April–30. Sept. Di.–Fr. 11.00–12.00 und 15.00–18.00, Sa./So. 9.00 bis 12.30 und 15.00–18.30, 1. Okt.–30. März Di. bis Fr. 10.00–12.00 und 15.00–17.00, Sa./So. 10.00 bis 12.30 und 15.00–18.30 Uhr).

RESTAURANT Spezialität im **Belvedere Da Mangascià** (Corso Umberto I, 11, Anguillara Sabazia) sind gegrillte Fische aus dem Lago di Bracciano. Der Aal wird traditionell „alla cacciatora" zubereitet (Tel. 069 96 80 35, Mi. Ruhetag).

INFORMATION

Ufficio turistico, Piazza IV Novembre, I-00062 Bracciano, Tel. 06 99 84 00 62, www.comunedibracciano.it

14 TARQUINIA

Die einst reiche Etruskerstadt aus dem 9. Jh. v. Chr. ist älter als Rom. Die Tarquinier stellten legendäre römische Könige, bis die Römer ihre Sippe um 500 v. Chr. vertrieben. Im Mittelalter erlangte die Stadt erneut Bedeutung – 18 Geschlechtertürme und die fast intakte Stadtmauer künden davon. Und heute gehört sie wie Cerveteri zum UNESCO-Weltkulturerbe.

Nemi: Stand mit Spanferkelbraten

SEHENSWERT Weltberühmt sind die freskengeschmückten Etruskergräber mit Szenen von Jagden und Festgelagen in der **Necropoli Etrusca**, die dem **Museo Nazionale**, Piazza Cavour, angeschlossen ist. In dem um 1440 errichteten **Palazzo Vitelleschi** sind bedeutende etruskische Skulpturen und Malereien aus den Nekropolen ausgestellt (Di.–So. 8.30–19.30 Uhr). In der Nekropole (7. bis 4. Jh. v. Chr.) können aus Denkmalschutzgründen die Besucher jeweils nur vier Gräber besichtigen (Di.–So. im Sommer 9.00 bis 19.30, im Winter bis 14.00 Uhr). Wer mehr etruskische Gräber betrachten will, kann dies in der Rekonstruktion einer unterirdischen Totenstadt in Tarquinia tun. In einem etruskischen Steinbruch in der Nähe des Stadions wurden sieben berühmte Gräber aus dem 6. Jh. v. Chr. originalgetreu nachgebaut (Etruscopolis, Via delle Cave Antiche, Tarquinia, Tel. 0766 85 51 75).

INFORMATION

I.A.T., Piazza Cavour 1, I-01016 Tarquinia, Tel. 07 66 85 63 84, www.tarquinia.net

15 SANTA SEVERA

Die nahezu 1000 Jahre alte, im 16. Jh. erneuerte Burg, direkt am Strand gelegen, ist ein beliebtes Ausflugsziel der Römer. Das winzige Dorf in den Mauern ist heute eine Feriensiedlung. Direkt nebenan macht auch der italienische Staatspräsident in seiner inmitten eines großen Parks gelegenen Residenz Urlaub.

16 CERVETERI

Als es Rom noch gar nicht gab, war das etruskische Kysry schon eine der größten Städte am Mittelmeer mit drei Seehäfen. Die **Necropoli della Banditaccia** (etwa 2 km nordwestl.) ist eine Totenstadt mit riesigen, von Gras überwachsenen Grabhügeln (7.–1. Jh. v. Chr.). Die Gräber sind wie Wohnhäuser gestaltet, in denen die Familienmitglieder in „Zimmern" auf Totenbetten gelegt wurden (Di.–So. 9.00 Uhr bis 1 Std. vor Sonnenuntergang). Das **Museo Nazionale** in der Burg der Fürsten Ruspoli zeigt Funde aus der Etruskerstadt (Di.–So. 8.30–19.30 Uhr).

17 OSTIA

Das von Pinien, Zypressen und Lorbeer bestandene Ausgrabungsgelände des einstigen Hafens von Rom, Scavi di Ostia Antica, gibt einen guten Eindruck vom Alltagsleben in der Antike. Vor der Stadtmauer lag der Friedhof, und dort befand sich auch die Synagoge, die älteste jüdische Kultstätte der westlichen Welt. Im Sommer ist das Theater in **Ostia Antica** **TOPZIEL** Schauplatz für Opern, antike Dramen, Konzerte und Filme, Tel. 06 56 35 80 99 (Scavi di Ostia Antica, Viale dei Romagnoli 717, März 8.30–18.00, Ende März–Ende Okt. 8.30–19.00, Jan. und Feb., Nov. und Dez. 8.30–17.00 Uhr, jeweils Di.–So.; letzter Einlass 1 Std. vor Schluss). Ein anschauliches Beispiel für Kultursponsoring in der Antike ist der **Piazzale delle Corporazioni** (Zünfteplatz). Die in den Bodenmosaiken dargestellten Zünfte erhielten diese „Werbung" im Gegenzug für ihre Spenden an das Theater.

LIDO DI OSTIA Am Sandstrand von Ostia kommen auch Schlemmer auf ihre Kosten. Die Restaurants sind auf Fisch spezialisiert: **Il Tino**, Via dei Lucilii 17, Tel. 06 562 27 78, kein Ruhetag, bietet feinste Küche unter neuer Leitung in drei edel ausgestatteten Räumen. Volkstümlicher, auch bei den Preisen, ist **La Capannina**, Lungomare Vespucci 156, Tel. 06 56 47 01 43, kein Ruhetag, mit großer Terrasse über dem Meer.

Nicht versäumen!

KULTUR

Die Königin der Villen
Eine der schönsten Renaissanceschöpfungen ist die Villa d'Este, deren Gebäude und Park nach dem Jahr 1550 von Pirro Ligorio für den Kardinal Ippolito d'Este geschaffen wurden.

Siehe Nr. 04

KULTUR

Erbe der Welt in Tivoli
Auf der ausgedehnten Anlage seiner Villa Adriana ließ Kaiser Hadrian Orte und Bauwerke, die ihn auf Reisen durch das Römische Imperium beeindruckt hatten, in kleinem Maßstab nachbilden.

TOPZIEL Siehe Nr. 04

KULTUR

Älter als Rom!
Die einst reiche Etruskerstadt aus dem 9. Jh. v. Chr. ist älter als Rom. Die Tarquinier stellten legendäre römische Könige, bis die Römer ihre Sippe um das Jahr 500 v. Chr. vertrieben.

Siehe Nr. 14

KULTUR

Vom Totenkult der Etrusker
Die Nekropole von Cerveteri ist eine Totenstadt mit riesigen, von Gras überwachsenen Grabhügeln. Die Gräber sind wie Wohnhäuser gestaltet, in denen die Familienmitglieder in „Zimmern" auf Totenbetten gelegt wurden.

Siehe Nr. 16

KULTUR

Alltagsleben in der Antike
Das von Pinien, Zypressen und Lorbeer bestandene Ausgrabungsgelände des einstigen Hafens von Rom, Scavi di Ostia Antica, gibt einen guten Eindruck vom Alltagsleben in der Antike.

TOPZIEL Siehe Nr. 17

ROM

für Genießer

Die römische Küche ist sehr einfach und bodenständig. *Spaghetti alla carbonara* sind ein typisch römisches Gericht. Beim Fleisch greift man gern auf das billige „fünfte Viertel“ eines Tieres zurück: Schwanz, Kopf, Innereien. Traditionell trinkt man dazu einen aus der Trebbianorebe gekelterten regionalen Weißwein. Und danach vielleicht ein Eis?

CUCINA ROMANA

Einfach und gut

Die römische Küche ist im Wesentlichen eine *cucina povera*, eine Armeleuteküche. Was nicht heißt, dass sie nur etwas für arme Leute wäre: Auch Päpste, Fürsten und Prälaten kannten nichts anderes. Für die *Fettuccine alla papalina*, die Bandnudeln auf päpstliche Art, brät man in Streifen geschnittenen Rohschinken und gehackte Zwiebel in Butter, gibt drei verquirlte Eier hinzu und erhitzt das Ganze unter stetem Umrühren, bis eine kompakte Sauce entsteht. Diese gießt man über die gekochten Fettuccine, gibt noch etwas Sahne dazu und streut geriebenen Pecorino darüber. Fertig. Und das sollen die Päpste gegessen haben? Wo sind die Trüffel oder mindestens die Steinpilze? Keine Austern, keine Hummer, kein Kapaun und kein Wildschwein?

Regionale Zutaten

Tatsächlich ist das für römische Verhältnisse sogar noch ein recht üppiges Gericht. Auch in den vielen Fürstenhäusern und bei den Prälaten überwog die einfache Küche. Ihre Zutaten stammen aus der nächsten Umgebung Roms. Der – viel verwendete – Wein kam überwiegend von den Albaner Bergen, das Olivenöl vor allem aus der Umgebung von Viterbo. Umherziehende Schäfer brachten Lammfleisch, Pecorino und Ricotta in die Stadt. Bauern belieferten Rom mit Gemüse und gelegentlich Fleisch. Fisch spielte dagegen keine große Rolle.

Antipasti

Einen ersten wesentlichen Beitrag zur römischen Küche liefert das Brot – altbackenes Brot. In Scheiben geschnitten, mit Öl und Knoblauch bestrichen und gegrillt, essen wir es heute unter dem Namen *Bruschetta*. Ähnlich einfach wird die Vorspeise *Panzanella* zubereitet: Man drückt Tomatenscheiben auf Brot, bis sie richtig feucht werden, spritzt etwas Essig und Öl darüber, salzt und pfeffert und dekoriert mit Basilikum. Auch bei den *Primi piatti*, dem ersten Hauptgang, wird gern Brot verwendet: Viele einfachste Suppen wie die *Zuppa contadina* – die „Bauernsuppe" – werden mit altem Brot serviert: Geschnittenen Stangensellerie und Knoblauch in Olivenöl andünsten, in grobe Stücke geschnittene Endivie hinzugeben, dünsten, Tomatenmark und Wasser hinzugeben, aufkochen. Zuvor gekochte Bohnen hineingeben, salzen, pfeffern, erneut kurz aufkochen.

LECKER: REISKLÖSSCHEN MIT MOZZARELLA

Primi Piatti

Wer nur wenige Zutaten hat, der ist auf Gewürze und andere Aromaträger angewiesen: frische Kräuter wie Basilikum und Origanum, Knoblauch, Pfefferschoten (*Peperoncino*), geräucherten Speck (*Pancetta, guanciale*). So entstanden die *Spaghetti aglio olio peperoncino*, die an Einfachheit nicht zu überbieten sind. Zusätzlich mit Tomaten bekommt man *Penne all'arrabbiata* und *Bucatini all'amatriciana* – benannt nach der Stadt Amatrice. Zum selben Typus gehören auch die *Spaghetti alla carbonara* – nach Köhlerart – mit Ei. Verglichen damit muten die Spaghetti nach Kutscherart (*alla carrettiera*) geradezu üppig an, enthält die Tomatensauce für dieses Gericht doch noch getrocknete Pilze und Thunfisch.

Zu den Klassikern bei den römischen Primi piatti zählen die *Gnocchi alla romana* (Kartoffelnocken) und die *Supplì al telefono* (frittierte Reisbällchen). Deren Name wird erst verständlich, wenn man ihr Innenleben kennt: Sie enthalten nämlich ein Stück Mozzarella, der in der Hitze geschmolzen ist – beißt man ein Stück ab, zieht der Käse Fäden, und schon ist man per (Telefon)-„Kabel" verbunden.

Als Sommergericht par excellence gelten die *Pomodori ripieni di riso*, mit Reis gefüllte Tomaten. Aus der Küche der römischen Juden stammt ein bekanntes Artischockengericht, *Carciofi alla giudea* (Artischocken auf jüdische Art): Sie werden einfach in Olivenöl gebraten.

SCHARF UND GUT: PENNE ALL'ARRABBIATA

Secondi Piatti

Fleisch kommt in der römischen Küche selten auf den Tisch – am ehesten noch als *quinto quarto* (fünftes Viertel), also vor al-

Antikes Kochen

Aus der römischen Kaiserzeit hat sich ein Kochbuch erhalten, über dessen Verfasser – einen gewissen Marcus Gavius Apicius – man nur wenig weiß, außer dass er „von Geburt zu jeder Art Prasserei befähigt" war. Für den heutigen Alltagsgebrauch ist sein Buch nicht geeignet; das erkennt man zum Beispiel an Anweisungen wie: „Enthäute den Flamingo ...". Doch abgesehen davon, dass es Probleme bei der Beschaffung der Zutaten gäbe – Haselmäuse führt eben kein Supermarkt -, auch unser Geschmack hat sich doch sehr gewandelt: So schreibt Apicius zu fast jedem Gericht – selbst zu den Süßspeisen – einen Schuss *garum* oder *liquamen* vor. Das ist eine salzige Sauce aus kleinen Fischen und Fischeingeweiden, die ein paar Monate lang in Tontöpfen in der Sonne gegärt hatten ... Zum Glück besteht heute in Rom nicht mehr die Gefahr, dass einem ein Fläschchen mit dieser Würztunke auf den Tisch gestellt wird ...

„Das römische Kochbuch des Apicius" ist in einer von Robert Maier herausgegebenen, übersetzten und kommentierten Ausgabe im Reclam Verlag, Stuttgart, erschienen.

lem in Form von Eingeweiden. *Tripa*, Kutteln etwa können von sachverständiger Hand zubereitet eine Köstlichkeit sein. Manche Zutaten bekommt man heute allerdings nur noch auf Vorbestellung bei einem deutschen Metzger: Dünndarm vom Milchkalb für die *Pajata* etwa oder Darmgeschlinge vom Lamm für die *Coratella con carciofi*. Wenn man sich an Feiertagen mal reines Fleisch leistet, so bereitet man daraus *Saltimbocca alla romana* (gebratene Kalbsschnitzel mit Schinken und Salbei), die auf dem Teller so lecker anmuten, als wollten sie einem gleich in den Mund springen (*salt' im bocca* bedeutet im römischen Dialekt „Spring in den Mund"), den Schmorbraten *Garofolato*, der nach den reichlich verwendeten Nelken (*Chiodi di garofano*) benannt ist, und Lamm. Letzteres wird nach Hirtenart ganz oder stückweise gegrillt. Die Koteletts heißen dann *alla scottadito*, weil man sich dabei die Finger (*dita*) verbrennt (*scotta*). Vielleicht *der* Klassiker der römischen Fleischgerichte neben den Saltimbocca ist der herzhaft zubereitete *Coda alla vaccinara* (Ochsenschwanz nach Hirtenart).
Traditionell wird in Rom kein Fleischgericht ohne ein Trio aus angedünsteten Zwiebeln, Karotten und Stangensellerie serviert. Hinzu kommen Weißwein und viele Tomaten. Typisch ist diese Zubereitungsart vor allem beim Huhn (*Pollo alla romana*), bei den Kutteln (*Trippa alla romana*) und bei anderen Eingeweiden.

Dolci far niente

Die römische Küche kennt nicht viele Süßigkeiten, Ricotta (Frischkäse) und kandierte Früchte sind die wichtigsten Zutaten. Einmal probieren sollte man die römischen Kekse (*Mostaccioli*).

RICOTTA: WICHTIGE ZUTAT FÜR DOLCI

KALBSSCHNITZEL MIT PARMASCHINKEN UND SALBEI: SALTIMBOCCA ALLA ROMANA

Kurzrezepte römischer Klassiker

Coda alla vaccinara Ochsenschwanz 20 min in Salzwasser kochen, dann herausnehmen. Geschnittenen Speck und Zwiebel in Olivenöl andünsten, Ochsenschwanz darin anbraten. 1 Tasse Fleischbrühe zugeben, mit Rotwein aufgießen. Eine Stunde oder länger schmoren, bis das Fleisch ganz weich ist. In der Mitte der Kochzeit geschnittene Karotten, Stangensellerie, geschälte Tomaten zugeben.

Gnocchi alla romana Noch warme gekochte mehlige Kartoffeln mit Mehl zu einem weichen homogenen Teig verarbeiten. Wenn die Kartoffeln zuviel Wasser enthalten, bindet man mit einem Ei. Aus dem Teig Rollen (ca. 2 cm Durchmesser) formen, davon 2 cm lange Stücke abschneiden, mit der Gabel mit einem Relief versehen. Gnocchi in reichlich Salzwasser kochen, bis sie aufsteigen. Mit einem Sugo aus Zwiebeln, Stangensellerie, Karotten und reichlich Tomaten servieren.

Mostaccioli 150 g Honig in einer Kasserolle verflüssigen, etwas Wasser hinzugeben. 220 g Mehl, ein ganzes Ei, gemahlenen Pfeffer und den Honig zu einem geschmeidigen Teig verarbeiten, ggf. noch etwas Wasser hinzugeben. Den Teig ausrollen, viereckige Stücke mit ca. 7 cm Kantenlänge ausschneiden. Diese auf ein Backpapier legen, mit Eiweiß bestreichen, ungefähr 30 min lang bei 180 °C im Ofen backen.

Penne all'arrabbiata Knoblauch in Öl andünsten, gehackte Tomaten zugeben, mit Salz, Pfeffer und Peperoncino würzen. 15 min dünsten, dann über die gekochten Penne gießen, mit Petersilie bestreuen.

Pomodori ripieni di riso Von 8 großen Tomaten den Deckel abschneiden, Inneres herausholen, mit Knoblauch, Basilikum, Origanum, Salz, Pfeffer und Öl vermischen, pürieren, mit 8 EL Reis mischen. Das Gemisch in die Tomaten einfüllen, diese für 80 min bei 200 °C im Ofen schmoren.

Saltimbocca alla romana Dünne Kalbfleischscheiben mit Salbeiblatt und einer Scheibe Rohschinken belegen, mit Zahnstocher befestigen. Auf beiden Seiten anbraten. Bratenfond mit Weißwein löschen, Sauce über die Fleischstücke gießen.

Spaghetti aglio olio peperoncino Knoblauch und Chilischoten in reichlich Olivenöl andünsten. Knoblauch herausnehmen, bevor er sich dunkel verfärbt. Die gekochten Spaghetti eine Minute lang in diesem Öl anbraten, sofort danach servieren.

Spaghetti alla carbonara Räucherspeck in Würfel schneiden, in Öl andünsten, die gekochten Spaghetti zugeben, durchmischen, verquirlte Eier hinzugeben, salzen, pfeffern, im Kochgefäß servieren, mit Pecorino bestreuen.

Spaghetti alla carrettiera Aufgeweichte getrocknete Pilze mit Knoblauch und Olivenöl dünsten. Thunfisch aus der Dose, reichlich gehackte Tomaten und Chilischoten nach Belieben hinzugeben, salzen, pfeffern, eine Viertelstunde weiterdünsten. Diesen Sugo über die gekochten Spaghetti gießen.

Wer nur wenige Zutaten für Gerichte wie hier die Spaghetti Carbonara hat, der ist auf Gewürze und andere Aromaträger angewiesen.

FRASCATI & CO.
Dornröschen erwacht

In der Region Latium mit dem Zentrum Rom steht bis heute die Produktion von Massenware im Vordergrund. Der Anbau von Qualitätsweinen auf breiterer Basis kommt gerade erst in Gang. Die Region erwacht aus dem Dornröschenschlaf, und heute sind gerade beim berühmtesten Wein – dem Frascati – die schönsten Entdeckungen möglich.

Es war einmal ...
Einmal gab es einen leibhaftigen Fürsten – Alberico Boncompagni Ludovisi –, der besaß ein Gut an der Via Appia. Dort produzierte er drei Weine unter der Bezeichnung Fiorano – einen Roten aus Cabernet Sauvignon und Merlot sowie zwei reinsortige Weiße aus Sémillon bzw. Malvasia. Die Erträge waren sehr gering, weil der Fürst dies so wollte. Dass diese Weine zu den bemerkenswertesten in Italien zählten, wussten nur wenige. Die Weißen waren insofern unvergleichlich, als sie mit zunehmendem Alter – bis 30 Jahre! – immer besser schmeckten. Der Fürst führte dies auf einen weißen Pilz zurück, der seinen ganzen Keller überwucherte. Wer diese Weine jemals kosten konnte, wird sie nie vergessen. Da der Fürst aber stets etwas eigenwillig war, ließ er vor über zehn Jahren die Rebstöcke ausreißen und verkaufte seine Weine in alle Welt. Seitdem gibt es keinen Fiorano mehr, und seitdem wächst auf römischem Boden auch kein exquisiter Wein mehr. Für die gesamte Region Latium gilt das glücklicherweise nicht, auch wenn dort bis vor kurzem vor allem Massenware produziert wurde. Lange Zeit bot nur eine Handvoll von Produzenten Qualitätsweine an, doch jetzt scheint man sich eines Besseren zu besinnen: Immer mehr gute, originelle Weine von jungen Winzern, die ihr Handwerk richtig gelernt haben, geben Anlass zur Hoffnung.

Kontrollierte Ursprungsbezeichnungen
In der Region Latium werden etwas weniger als acht Prozent der italienischen Weine geerntet. Nur wenige Prozent davon sind DOC-Weine – der Vollständigkeit halber wollen wir hier alle 26 Kontrollierten Ursprungsbezeichnungen (*Denominazione di origine controllata*, abgekürzt DOC) aufzählen: Aleatico di Gradoli, Aprilia, Atina, Bianco Capena, Castelli Romani, Cerveteri, Cesanese del Piglio, Cesanese di Affile, Cesanese di Olevano, Circeo, Colli Albani, Colli della Sabina, Colli Etruschi Viterbesi, Colli Lanuvini, Cori, Est!Est!!Est!!! di Montefiascone, Frascati, Genazzano, Marino, Montecompatri Colonna, Nettuno, Tarquinia, Terracina, Velletri, Vignanello, Zagarolo.

BEIM ROTWEIN VERFOLGEN DIE PRODUZENTEN EINE ZWEIGLEISIGE STRATEGIE

RUSTIKALER GENUSS: LANDWEIN

Allerdings sind die meisten dieser Bezeichnungen obsolet: Keine einzige Flasche davon ist auf dem Markt zu finden, und nur ganz wenige davon würde man einem Freund empfehlen, auch wenn DOC drauf steht. Nehmen wir als Beispiel den Aleatico di Gradoli: Die Rebsorte Aleatico gehört zur Muskatellergruppe und ergibt meist einen sehr originellen süßen Rotwein. Einen einzigen guten Produzenten (Trappolini) gibt es in ganz Latium, aber er keltert seinen Wein mit der Bezeichnung Idea außerhalb des DOC-Gebiets Gradoli und hat deswegen nur das Recht auf die Bezeichnung IGT (Indicazione Geografica Tipica).

Die wichtigsten Rebsorten
Latium ist vor allem ein Weißweinland. Die beiden wichtigsten Rebsorten heißen Malvasia und Trebbiano. Der Malvasier wird oft reinsortig gekeltert und ergibt feine würzige Weine, etwa bei den Produzenten Conte Zandotti, Fontana Candida und Principe Pallavicini. Die Trebbiano-Rebe ist ein eher minderwertiger Massenträger.
Die meisten Weißweine Latiums bestehen aus einem Mischsatz – meist im Verhältnis zwei Drittel Trebbiano zu einem Drittel Malvasia. Am besten ist der Frascati, der seinem guten Ruf aber nur bei den besten Winzern gerecht wird: Conte Zandotti, Fontana Candida, Villa Simone. Die höhere Qualität heißt Superiore und kann schon deutlich lieblich ausfallen (was wohl für den früheren Ruhm sorgte). Die benachbarten DOC heißen Colli Romani, Colli Albani und Marino, aber mit einer Ausnahme (Colle Picchioni) haben sie wenig zu bieten. Da der Trebbiano kaum gute Weine ergibt, sind einige Produzenten dazu übergegan-

Die besten Weine

Casale Cento Corvi, Via della Tomba 18, 00052 Cerveteri, www.casalecento-corvi.com. *Wichtigste Weine:* Giacchè, Kantharos, Kottabos

Casale del Giglio, Strada Cisterna-Nettuno km 13, 04010 Le Ferriere. *Wichtigste Weine*: Antinoo, Chardonnay, Satrico, Sauvignon; Mater Matuta, Merlot, Cabernet Sauvignon, Petit Verdot, Shiraz

Casale della Ioria, Piazza Regina Margherita 1, 03010 Acuto, www.casaledellaioria.com. *Wichtigste Weine*: Colle Bianco Passerina; Cesanese del Piglio

Colacicchi, Loc. Romagnano, 03012 Anagni (oder Via Cernaia 37, 00185 Roma). *Wichtigster Wein:* Torre Ercolana

Colle Picchioni, Via Colle Picchione 46, Loc. Frattocchie, 00040 Marino. *Wichtigste Weine*: Le Vignole, Marino Colle Picchioni in mehreren Sorten; Vigna del Vassallo

Conte Zandotti, Via Colle Mattia 8, 00044 Frascati, www.cantinecontezandotti.it. *Wichtigste Weine:* Castello della Colonna Malvasia, Frascati Superiore; Rumon, La Petrosa

Falesco, Loc. Le Guardie, 01027 Montefiascone. *Wichtigste Weine:* Est!Est!!Est!!! die Montefiascone in drei Sorten: Marciliano, Montiano Merlot, Vitiano

Fontana Candida, Via Fontana Candida 11, 00040 Monteporzio Catone, www.gruppoitalianovini.com/fontanacandida/. *Wichtigste Weine:* Frascati in verschiedenen Sorten, Malvasia; Kron

Principe Pallavicini, Via Casilina km 25,5, 00030 Colonna, www.vinipallavicini.com. *Wichtigste Weine:* Pagello, Frascati und Malvasia in verschiedenen Sorten, Stillato; Moroello, Amarasca, Soleggio, La Cavata, Rubillo, Tiaso, Cesanese

Trappolini, Via del Rivellino 65, 01024 Castiglione in Teverina. *Wichtigste Weine:* Idea, Paterno

Villa Simone, Via Frascati Colonna 29, 00040 Monteporzio Catone, www.pierocostantini.it. *Wichtigster Wein*: Frascati

DIE REGION ERWACHT AUS DEM DORNRÖSCHENSCHLAF UND LÄDT EIN ZU ENTDECKUNGEN

gen, alteingesessene Sorten wieder aufzuwerten. Dazu gehören zum Beispiel Passerina (Winzer: Casale della Ioria), Bombino, Bellone, Greco und Grechetto. Eine andere Möglichkeit besteht darin, importierte Sorten anzupflanzen, etwa Sauvignon, Viognier oder Chardonnay. Mittlerweile gibt es einige gute Weine aus diesen Rebsorten.

Im Norden Latiums liegt ein weiteres Weißweingebiet, bei dessen Erwähnung die Augen unserer Väter zu glänzen begannen: Est!Est!!Est!!! di Montefiascone. Als guten Produzenten dieses Weins, der zu ungefähr gleichen Teilen aus Trebbiano, Malvasia und Roscetto gekeltert wird, kann man heute nur Falesco nennen – auch mit einer durchaus interessanten Spätlese (Vendemmia Tardiva).

Ungefähr 40 Kilometer östlich von Rom liegt ein kleines Rotweingebiet. Hier wächst die Cesanese-Traube, die ziemlich mächtige, anfangs recht kratzige Weine ergibt. Auch hier braucht man sich nur einen Produzenten zu merken (Casale della Ioria). Zwei Cesanese ohne DOC produziert der Fürst Pallavicini.

Neue feine Weine

Auch bei den Rotweinreben verfolgen viele Produzenten die zweigleisige Strategie: Entweder greifen sie auf alte autochthone Rebsorten zurück – etwa die Giacchè (großartig von Casale Cento Corvi), Ottonese oder Sangiovese (Trappolini) –, oder sie bauen importierte Sorten wie Merlot, Cabernet, Syrah und Petit Verdot an. Damit produzieren sie kräftige Rotweine vom Bordeaux-Typ (vor allem Colacicchi, Casale del Giglio, Colle Picchioni, Falesco, Principe Pallavicini). Natürlich sind die Weine aus einheimischen Sorten irgendwie origineller, ganz nach dem Önologen-Motto-ABC: Anything but Cabernet!

Vielleicht endet das anfänglich tragische Märchen doch noch gut. Gerade jüngere Produzenten wenden sich dem Ausbau von Qualitätsweinen zu, weil nur so ein Überleben möglich ist. Und so eröffnet sich dem Romreisenden nun doch die Möglichkeit, neue feine Weine zu entdecken.

GELATO? FANTASTICO!
Kühle Köstlichkeiten

Pizza, Pasta und Gelato haben die Welt innerhalb eines Jahrhunderts erobert. Der Sieger in diesem Trio bleibt aber das Eis: Selbst wer lieber Eisbein statt Spaghetti Carbonara isst, nimmt als Dessert – *un gelato!*

Bekennende Eisliebhaber

Dem Speiseeis ergeht es ähnlich wie dem Flammenwerfer, dem Kompass und dem Treibriemen: Wahrscheinlich wurde es von den Chinesen entwickelt. Schon vor etwa 2500 Jahren ließen sich chinesische Kaiser ein Eislager anlegen, um das ganze Jahr über Fruchtsäfte, Pürees und Sirups damit mischen zu können.

Aber warum sollten die Chinesen die Einzigen gewesen sein, die auf diese Idee verfielen? Tatsächlich waren auch Hippokrates und Alexander der Große bekennende Eisliebhaber. Römische Kaiser ließen sich per Stafettenlauf Eis und Schnee aus dem Apennin bringen, und noch heute hat der Erzbischof von Catania das verbriefte Anrecht auf den ganzen Schnee des Ätnas …

Die Entwicklung des Speiseeises

Das Eis, das die alten Chinesen, Griechen und Römer damals genossen, bezeichnet der Italiener heute als *Granita*: geschabtes Eis mit Fruchtsaft, Sirup, Tee oder Kaffee gemischt. Ein *Frullato con ghiaccio* ist praktisch das Gleiche. Und auch das Sorbet, italienisch *Sorbetto*, gehört in diese Kategorie. Die Entwicklung des Speiseeises ist eng mit dem technischen Fortschritt verbunden. Auf diesem Gebiet machten tatsächlich die Chinesen den ersten Schritt: Sie entdeckten die Kältemischungen. Wenn man Eis mit bestimmten Salzen wie Salpeter mischt, kühlt die Mischung stark ab – schon mit Kochsalz auf minus 21 Grad Celsius. Auf diese Weise kann man eine Mischung aus Fruchtsaft, Zucker und anderen Aromastoffen gefrieren lassen – wobei die gefrierende Mischung immer wieder umgerührt werden muss. Denn so lautet das erste Gesetz der Speiseeisbereitung: Je kleiner die Eiskristalle, um so cremiger das Eis. Schon Marco Polo berichtete Ende des 13. Jahrhunderts über diese Art der Eisbereitung, die er in China kennen gelernt hatte.

EIN SÜSSER GENUSS: VANILLE-WALNUSSEIS

Nun wurde „il gelato" für einige Jahrhunderte zur italienischen Domäne. Katharina von Medici brachte im 16. Jahrhundert den Parisern die gute Küche bei – und auch das Eis mit. Im selben Jahrhundert setzten sich in Europa auch die Kältemischungen durch. Nun war der Weg frei für eine handwerkliche Eisfabrikation. So machte denn der Sizilianer Francesco Procopio de' Cultelli um das Jahr 1660 das später so berühmte Café Procope in Paris

Das beste Eis

In den folgenden Lokalen kann man bis zu hundert Eissorten probieren. Sie deswegen als „Eisdielen" zu bezeichnen, verbietet sich von selbst. Für solche Eistempel gibt es nur eine Bezeichnung: Gelateria (oder Cremeria, wenn man eine Hauptzutat nennen will). Sie liegen alle im Zentrum von Rom:

Cremeria Monteforte
Via della Rotonda 22
Gelateria Della Palma
Via della Maddalena 20–23
Gelateria La Parigina
Via Rodolfo Lanciani 54–56
Gelateria Giolitti TOPZIEL
Via Uffici del Vicario 40
Gelateria di San Crispino
Via della Panetteria 42
Palazzo del Freddo Giovanni Fassi
Via Principe Eugenio 65–67

ZUCCOTTO IST EINE EISGEKÜHLTE KUPPELTORTE MIT APRIKOSENGLASUR

Selber machen

Eine etwas außergewöhnliche Sorte ist Kürbiseis.

Zutaten:
400 g gelber Muskatkürbis
300 g Milch
125 g Zucker
eine halbe Tüte Vanillinzucker
7 Amaretti
3 EL Maraschino

Zubereitung:
Kürbisstücke in Milch kochen, mit Vanillinzucker aromatisieren, Zucker hinzugeben, dann abkühlen lassen. Kürbis pürieren, zerkrümelte Amaretti und Likör hinzugeben und noch einmal gut durchmischen. In die Eismaschine stellen.

auf, wo er den ersten Kaffe serviert haben soll – und das erste Speiseeis!
Erst gegen Ende des 18. Jahrhunderts sollen Köche darauf gekommen sein, dass die Zugabe von Milch und Rahm das Eis erheblich verfeinert. Nun fehlte noch eine weitere bahnbrechende Erfindung gelang: die Eistüte, eine gerollte Waffel. Diese Erfindung kam übrigens aus Amerika, hätten Sie das gedacht? Dorthin war nämlich ihr Erfinder im späten 19. Jahrhundert ausgewandert. Er hieß: Italo Marchioni!

Was ist drin? Was ist dran?

Was ist denn nun wirklich drin im guten italienischen Gelato?
Das handelsübliche Speiseeis ist eine mehr oder weniger gut gelungene Mischung aus Wasser, Milch oder Sahne, Zucker und geschmacksgebenden Stoffen wie Früchten, Kaffee, Kakao und Likören. Je größer der Milchanteil ist, um so cremiger schmeckt das Eis. Tja: Und umso mehr Kalorien enthält es leider auch.
Eigentlich mischen sich Wasser und Fett nicht – jedenfalls nicht dauerhaft. Man muss das Fett emulgieren, das heißt in winzige Tröpfchen auflösen, bis die Mischung stabil wird. Dazu ist der Stoff Lezithin aus dem Eidotter sehr hilfreich. Viele Eissorten, besonders in Frankreich, enthalten auch Eigelb. Lockeres Eis wie *Spumone* oder *Sorbetto* erhalten die Italiener durch Zugabe von reichlich steif geschlagenem Eiweiß. Und damit das Eis schön stabil bleibt, enthält es weitere Emulgatoren,

ERFRISCHEND, PRICKELND, GUT: HONIGMELONENSORBET MIT BEEREN

Erfindung bis zum vollkommenen Glück: der bereits erwähnte Speiseeisbereiter. Dessen erste, noch primitive Formen kamen in der ersten Hälfte des 19. Jahrhunderts in Amerika auf. Carl von Linde entwickelte dann im Jahr 1881 die Kältemaschine. Jetzt war man überhaupt nicht mehr auf Eis in Stangen und auf Salzmischungen angewiesen. Bis schließlich eine

Stabilisatoren und Bindemittel, etwa Algenextrakte.
Im Prinzip kann man Eis aus jedem denkbaren aromatischen Stoff herstellen. So bieten zum Beispiel nicht wenige Gelaterie auch Eis aus Gemüsesorten an (*Gelato di verdura*). In Frage kommen zum Beispiel Sellerie, Avocado, Kürbis, Erbsen oder Tomaten. Die meisten Eissorten enthalten allerdings die unterschiedlichsten Früchte als Aroma gebende Stoffe, und wer sich hier gut auskennt, der ist schon ein halber Botaniker!

Kleines Eis-ABC

Cannolo alla ricotta: Eine der größten Leckereien, die man in guten Gelaterie bekommt, und doch kein Eis, sondern eine frittierte Eistüte gefüllt mit kalter Ricotta aus Schafsmilch und kandierten Früchten.
Cassata: Eine sizilianische Spezialität, meist aus verschiedenen Eisschichten mit kandierten Früchten darin. Manchmal auch eine Halbkugel, wobei die Umhüllung aus Vanille- und Schokoladeeis, das Innere aus Schlagrahm besteht.
Cornetto: Eistüte aus einer eingerollten Waffel.
Gelato: Allgemeine Bezeichnung für Speiseeis (wörtlich: „Gefrorenes").
Granita: Ursprünglich ein Getränk, heute meist aus Fruchtsaft oder Fruchtsirup mit fein geschabtem Eis bestehend.
Pezzo duro: Ein hartes Eis, portionsweise in kleinen Formen eingefroren, oft mit einem Schokoladeüberzug.
Semifreddo: Leichtes, schaumiges Eis. Durch den Luftgehalt hat man das Gefühl, das Eis sei weniger kalt. Die wichtigsten Zutaten sind steif geschlagenes Eiweiß und Schlagrahm.
Sorbetto: Ein leichtes Eis, meist aus Fruchtsaft, Likör oder Sirup mit steif geschlagenem Eiweiß.
Spumone: Mit dem Semifreddo weitgehend identisch, bedeutet wörtlich übersetzt „Schaumeis". Wichtige Zutaten sind steif geschlagener Eischnee und eine luftige Eiercreme.
Stracciatella: Sehr beliebtes Eis, enthält kleine Schokoladestückchen.
Tartufo: Eine ursprünglich kalabresische Spezialität, halbkugelförmig oder unregelmäßig geformt, aus Haselnuss- oder Vanilleeis mit einem Herz aus Kakao- oder Weichselkirschencreme. „Tartufo" bedeutet ursprünglich Trüffel.
Zuccotto: Mit Eis gefüllte Biskuittorte.
Zuppa inglese: Ursprünglich ist die „englische Suppe" (Zuppa inglese) ein Biskuitdessert mit Likör und Früchten. Wird auch als Eis angeboten.

Tipp

Günstig durch Rom

Die Stadt Rom bietet verschiedene Kombitickets an, die den Zugang zu Museen und archäologischen Stätten erleichtern und vergünstigen. Karten gibt bei den Infopavillons PIT (siehe Auskunft), am Flughafen, Bahnhof und in den Museen.

Roma Archeologia Card: für Colosseum, Palatin, Thermen, Palazzo Altemps, Palazzo Massimo, Villa dei Quintili, Grab der C. Metella (23,50 Euro, 7 Tage gültig).

Roma Pass: Gilt für 40 Museen und archäologische Stätten und für den öffentlichen Nahverkehr. Bei den ersten zwei Museen hat man freien Eintritt, bei den restlichen wird ein Rabatt gewährt (20 Euro, 3 Tage gültig).

ANREISE

Mit dem Auto: Von München über Innsbruck und den Brenner, Verona, Bologna oder von Frankfurt über Basel, Gotthard-Tunnel, Chiasso, Mailand, Bologna. Die österreichischen, Schweizer und italienischen Autobahnen sind mautpflichtig.
Mit der Bahn: Direkte Züge nach Rom gibt es u. a. von München und Wien. Nachtzug München–Rom/Stazione Termini (ca. 12 Std.). Aus Dortmund oder Frankfurt/M. keine Direktverbindungen. Aus Nordwestdeutschland umsteigen in Basel oder Mailand.
Mit dem Bus: Zentrale Reservierungsstelle für Busfahrten nach Rom: Deutsche Touring, Am Römerhof 17, 60486 Frankfurt/Main, Tel. 069 79 03 50, www.deutsche-touring.com.
Mit dem Flugzeug: Direktflüge nach Rom von vielen deutschen Städten. Charterflüge landen in Ciampino, Linienmaschinen auf dem Aeroporto Leonardo da Vinci in Fiumicino, der mit zwei Bahnlinien sehr gut an die Innenstadt angeschlossen ist: Schnellbahn zum Bahnhof Termini, weitere Verbindung über die Bahnhöfe Trastevere und Tiburtina.

AUSKUNFT

Staatliche italienische Fremdenverkehrsämter (APT) bei ENIT – Agenzia Nazionale del Turismo, ww.enit.de, www.enit.at, dort auch Broschürenbestellung möglich.
ENIT Berlin: Kontorhaus Mitte, Friedrichstraße 187, 10117 Berlin, Tel. 030 247 83 98, enit-berlin@t-online.de

Die Villa Borghese wartet auf Besucher

ENIT Frankfurt: Kaiserstraße 65, 60329 Frankfurt/Main, Tel. 069 23 74 30, enit-ffm@t-online.de
ENIT München: Lenbachplatz 2, 80336 München, Tel. 089 53 13 17, enit-muenchen@t-online.de
ENIT Wien: Kärntnerring 4, 1010 Wien, Tel. 0043 1 505 16 30 12, info@enit.at oder delegation.wien @enit.at
ENIT Zürich: Uraniastraße 32, 8001 Zürich, Tel. 0041 43 466 40 40, info@enit.ch
Tourismusämter in Rom:
– Azienda di Promozione Turistica (APT), Besucherzentrum, Via Parigi 5, an der Piazza della Repubblica, Tel. 06 48 89 91, Mo.–Sa. 9.00–19.00 Uhr
– Flughafen Leonardo da Vinci, Fiumicino, Ufficio Informazioni, Terminal B, Tel. 06 95 95 44 71, tgl. 8.00–19.00 Uhr
Infopavillons bei wichtigen Sehenswürdigkeiten, P.I.T. (Punti di Informazione Turistica, jeweils tgl. 9.00–18.00 Uhr):
– Stazione Termini 2, Piazza dei Cinquecento
– Castel S. Angelo, Piazza Pia
– Fori Imperiali, Piazza Tempio della Pace
– Fontana di Trevi, Via Minghetti
– Piazza Cinque Lune (bei Piazza Navona)
– Largo Goldoni
Deutsches Reisebüro (DER): Piazza Esquilino 28, Tel. 06 482 75 31, Fahrkarten für Bahn und Flugzeug, Ausflüge und Stadtrundfahrten.
Pilgerbüros im Vatikan:
– Deutschsprachiges Pilgerbüro, Via della Conciliazione 51, Tel. 06 689 71 97, Mo.–Fr. 8.30–18.00, Sa. bis 12.30 Uhr. Papstaudienz über www.vatikan.va. Generalaudienz des Papstes jeden Mittwoch um 10.00 Uhr. Dazu braucht man ein kostenloses Ticket, für das man mindestens zwei Wochen vorher an das Pilgerzentrum eine E-Mail schickt: pilgerzentrum@libero.it
– International: Ufficio Pellegrini e Turisti am Petersplatz, Braccio di Carlo Magno, Tel 06 698 86 44 66 (Mo.–Sa. 8.30–19.00 Uhr)

AUTOFAHREN

Wegen des chaotischen Verkehrs ist Autofahren in Rom Nicht-Römern nur bedingt zu empfehlen. Autodiebstähle oder -einbrüche sind leider auch im Zentrum immer noch an der Tagesordnung.
Parkplätze sind Mangelware. Freie Plätze gibt es aber oft am Gianicolo-Parkplatz (Via del Gianicolo), im Borghese-Parkhaus (Einfahrt Porta Pinciana, Via Veneto) oder an der Tiberuferstraße Lungotevere.
Mietwagen: Große Agenturen befinden sich am Flughafen Fiumicino, am Bahnhof Termini, in der Innenstadt nahe der Via Veneto u.a.
Pannenhilfe des ACI (Soccorso Stradale): Tel. 06 80 31 16, Mobil 800 11 68 00 (rund um die Uhr, mehrsprachig, gebührenfrei).

Tipp

Easy Sightseeing

Archeobus: Fährt ab Termini in Richtung Via Appia Antica und ist die bequemste Form, um die entfernteren Sehenswürdigkeiten zu sehen (tgl. 9.00–16.00, im Sommer bis 17.00 Uhr, stündlich ab Stazione Termini).

Linea 110 open: Ein offener Trambus für Stadtrundfahrten, ab Stazione Termini (April–Sept. 8.40–20.20, sonst 10.00 bis 18.00 Uhr, alle 30 Min.); für beide Buslinien Karten vor dem Bahnhof Termini.

Auch die Verkehrsbetriebe ATAC bieten regelmäßig Stadtrundfahrten an.

Rundfahrten in deutscher Sprache bietet Carrani Tours an, Via Orlando 95, Tel. 064 74 25 01.

Per Pferdekutsche kann man an der Piazza Navona, Pantheon und Piazza di Spagna starten – der Preis sollte aber in jedem Fall schon vorher ausgehandelt werden!

BOTSCHAFTEN UND KONSULATE

Deutsche Botschaft, Via S. Martino della Battaglia 4, I-00185 Rom, Tel. 06 49 21 31, www.rom.diplo.de
Deutsche Botschaft am Heiligen Stuhl, Via di Villa Sacchetti 4, I-00197 Rom, Tel. 06 80 95 11, www.vatikan.diplo.de
Österreichische Botschaft, Via Pergolesi 3, I-00198 Rom, Tel. 06 844 01 41, www.bmaa.gv.at
Österreichisches Konsulat, Viale di Liegi 32, I-00198 Rom, Tel. 06 855 29 66
Schweizer Botschaft und Konsulat, Via Barnaba Oriani 61, I-00197 Rom, Tel. 06 80 95 71, www.eda.admin.ch/roma

ESSEN UND TRINKEN

Die römische Küche ändert sich. Junge, kreative Küchenchefs haben Nudel- und Fleischgerichte, die früher gern im Olivenöl schwammen, leichter und bekömmlicher gemacht. Daher ist die Speisenfolge nicht mehr ganz so üppig. Heute kann man sogar nur einen Salat oder ein Nudelgericht bestellen, ohne Angst haben zu müssen, den Wirt zu verärgern. Das traditionelle Vier-Gänge-Menü isst man an Festtagen: **Antipasto** (Vorspeise: oft ein Gemüsebuffet, leichte Salate, Schinken), **Primo Piatto** (Erster Gang: Pasta, neuerdings gern mit frischem Gemüse, Reis oder Suppe), **Secondo Piatto** (Hauptgang: Fischgerichte aller Art – zurzeit sehr en vogue – oder Fleisch mit contorno; der Beilage, die fast immer extra dazu bestellt werden muss. Absolut out sind Gerichte mit der vormals allgegenwärtigen rucola (Rauke) oder mit Sahnesaucen. Und zum Nachtisch ein **Dolce**: Kuchen, Pudding, Eis oder semifreddo (Halbgefrorenes). Als Abschluss ein caffè. Wer hier einen cappuccino bestellt, outet sich sofort als unwissender Ausländer. Römer trinken den Kaffee mit Milchschaum nur zum Frühstück. Ein caffè ist ein espresso, stark und schwarz, allerhöchstens mit einem Schuss Milch, der ihn zum caffè macchiato macht. Als Digestiv werden Grappa (Traubenschnaps) oder ein Amaretto (Kräuterlikör) gereicht. Zum Essen trinkt man einen leichten Landwein aus den Castelli Romani (immer weiß, z. B. Frascati) oder einen Rotwein aus der Toskana (Rosso di Montepulciano, Chianti). Fast alle Restaurants bieten einen preiswerten Hauswein an (Liter um 6 Euro).

FEIERTAGE

Am 1. Jan. (Neujahr), 6. Jan. (Dreikönigstag), Ostermontag, 25. April (Tag der Befreiung vom Faschismus), 1. Mai (Tag der Arbeit), 15. Aug. (Mariä Himmelfahrt), 1. Nov. (Allerheiligen), 8. Dez. (Unbefleckte Empfängnis), 25. und 26. Dez. (Weihnachten) sind Geschäfte und eventuell auch Museen geschlossen. Am 21. April (Roms Geburtstag) und 29. Juni (Fest der Stadtpatrone Petrus und Paulus) können auch Postämter und Büros der Stadtverwaltung geschlossen sein.

Café im Hauptbahnhof: Stazione Termini

FUNDBÜROS

Städtisches Fundbüro, Depositaria Comunale, Via Nicolò Bettoni 1, Tel. 06 581 60 40, tgl. 8.30 bis 13.00 Uhr
Fundbüro der Verkehrsgesellschaft ATAC, Via Nicolò Bettoni 1, Tel. 06 581 60 40, Mo.–Fr. 8.30–13.00 Uhr

GESUNDHEIT

Alle Krankenhäuser Roms verfügen über die **Erste-Hilfe-Station Pronto Soccorso**, in der man kostenlos versorgt werden muss. Am zuverlässigsten arbeitet der katholische Policlinico Universitario Gemelli, Largo A. Gemelli 8, Tel. 063 01 51, der aber außerhalb der Innenstadt liegt. Die von den gesetzlichen Krankenkassen seit 2005 ausgestellte **Europäische Krankenversicherungskarte** berechtigt nur zur Behandlung in einem Poliambulatorio (Gemeinschaftspraxis) der staatlichen Krankenkasse ASL (in jedem Stadtviertel). Die Deutsche Botschaft vermittelt Adressen von deutsch sprechenden Ärzten. **Deutschsprachiger Zahnarzt:** Dr. Joachim Hübler, Corso Vittorio Emanuele II, 266, Tel. 06 68 30 90 30.

HOTELS

Preiskategorien

€€€€	Doppelzimmer	über 200 Euro
€€€	Doppelzimmer	170–200 Euro
€€	Doppelzimmer	110–170 Euro
€	Doppelzimmer	60–110 Euro

€€€€ **Hassler Villa Medici**, Trinità dei Monti 6, I-00187 Roma, Tel. 06 69 93 40, www.hotelhasslerroma.com, 99 Zimmer. Nobelherberge mit überwältigender Aussicht über die Spanische Treppe.
€€€€ **Raphael**, Largo Febo 2, I-00186 Roma, Tel. 06 68 28 31, www.raphaelhotel.com, 59 Zimmer. Hinter grünen Efeuranken versteckt sich das familiär geführte Viersternehotel.
€€€€ **Hotel de Russie**, Via del Babuino 9, I-00187 Roma, Tel. 06 32 88 81, www.rfhotels.com, 125 Zimmer. Wo im 19. Jahrhundert gern russische Würdenträger logierten, wurde im Frühjahr 2000 Roms elegantestes Grand-Hotel eröffnet.
€€€€ **D'Inghilterra**, Via Bocca di Leone 14, I-00186 Roma, Tel. 066 99 81, www.charminghotels.it, 105 Zimmer. Im 17. Jh. residierten hier die

Daten und Fakten

Einwohner In der Comune di Roma, dem Hauptort der gleichnamigen Provinz und der italienischen Region Latium, leben knapp 2,6 Mio. Menschen. Rechnet man Latium und die Campagna Romana hinzu, zählt die Agglomeration Rom heute fast 5,3 Mio. Einwohner. Während in den letzten Jahren der Zuzug im teuren Innenstadtbereich rückläufig ist, haben in den Vororten Hunderttausende aus dem Süden Italiens, aus Osteuropa, Afrika und Asien eine neue Heimat gefunden.

Stadtgebiet Knapp 1508 km² umfasst die Gemeindefläche der in alle Himmelsrichtungen expandierenden Metropole. Auf das historische Zentrum innerhalb der Aurelianischen Stadtmauer entfallen ca. 140 km². Sozial, politisch und historisch lebt man in Italiens Hauptstadt getrennt: Für die Bewohner der 22 „Rioni" – der traditionellen Viertel innerhalb der Aurelianischen Stadtmauer – gelten eigentlich nur sie selbst als echte Römer. Außerhalb liegen die 18 „Quartieri", die neuen Stadtteile, sowie elf Vororte („Borgate") – ihre Grenzen sind allerdings fließend. Innerhalb Roms ist auch der 0,44 km² große kleinste Staat der Welt zu finden: die Vatikanstadt, mit dem Papst als Souverän, der zugleich Oberhaupt der katholischen Kirche ist.

Verwaltung Die Comune di Roma wird vom Kapitol aus verwaltet, dem Sitz des Bürgermeisters (Sindaco). Der Magistrat (Giunta Municipale) hat 14, der Stadtrat (Consiglio Comunale) 80 Mitglieder. Alle fünf Jahre finden Kommunalwahlen statt – seit Mai 2001 ist Walter Veltroni von der Linken Bürgermeister in der Tibermetropole.

Wirtschaft Da sich ein großer Teil der italienischen Wirtschaft im Besitz des Staates befindet, spielt Rom als Verwaltungszentrum dieser Staatsbetriebe eine gewichtige nationale Rolle. Außerdem gewinnt die Hauptstadt als Versicherungs-, Banken- und Börsenplatz zunehmend an Bedeutung. In puncto Mode genießt Rom Weltruf. Kaum anderswo gibt es so viele Stardesigner und Boutiquen. Mit mehr als 1,1 Mio. Beschäftigten hat sich das Dienstleistungsgewerbe zum größten Arbeitgeber entwickelt. Einträglichste Erwerbsquelle ist der Fremdenverkehr mit ca. 6 Mio. Touristen jährlich, von denen viele – auf den Spuren des deutschen Papstes – aus Deutschland kommen.

Geschichte

753 v. Chr. Rom „schlüpft aus dem Ei“ – sagenumwobenes Gründungsdatum der Siebenhügelstadt durch Romulus und Remus.

7.–6. Jh. v. Chr. Königsherrschaft der Etrusker.

5.–4. Jh. v. Chr. Nach heftigen Ständekämpfen erfolgt Ausbau der Republik mit Verfassung und Verwaltungsstruktur.

2. Jh. v. Chr. Rom erringt die Vorherrschaft im Mittelmeerraum.

133–30 v. Chr. Revolutionen, Restaurationen, Triumvirate und Militärdiktaturen zerstören die Republik.

27 v. Chr.–14 n. Chr. Friedensstiftende Alleinherrschaft (Prinzipat) von Augustus und Aufbau des römischen Imperiums mit Rom als glanzvoller Kaiserresidenz.

64 Din Großbrand verwüstet die Stadt, möglicherweise mit Billigung Kaiser Neros.

98–117 Unter Trajan erlangt das Imperium Romanum seine größte Ausdehnung.

117–138 Kaiser Hadrian festigt die Grenzen.

235–285 Während der Reichskrise regieren 22 „Soldatenkaiser“; es kommt zu Christenverfolgungen; die Stadt wird befestigt.

293 Diokletian errichtet die Tetrarchie (Viererherrschaft) und reformiert die Verwaltung.

4. Jh. Unter Kaiser Konstantin Duldung des Christentums und allmählicher Aufstieg zur Staatsreligion. Teilung in Ost- und Westreich.

476 Untergang des Weströmischen Reiches. In Rom regiert der Papst als Stadtherr.

493–753 Niedergang Roms während der Ostgoten- und Langobardenherrschaft. Die Bevölkerungszahl sinkt von über 1 Mio. auf 30 000.

756 Frankenkönig Pippin besiegt die Langobarden und schenkt dem Papst die befreiten Landesteile.

800 Karl der Große wird römischer Kaiser.

9.–13. Jh. Machtkämpfe zwischen Kaiser und Papst.

1309–1417 Exil der Päpste in Avignon.

16.–18.Jh. Römische Adelsfamilien stellen die Päpste und statten die Tibermetropole mit Prunkpalästen und Kirchen aus.

1798–1815 Französische Truppen besetzen den Kirchenstaat, der 1809 Teil des napoleonischen Kaiserreiches wird. 1815 kehrt der Papst als Souverän zurück.

1870 Rom wird Hauptstadt des vereinigten Königreiches Italien.

1929 Die Lateranverträge sichern dem Vatikanstaat ein souveränes Hoheitsgebiet.

1944 Die faschistische Diktatur endet mit der Befreiung Roms durch die Alliierten.

1946 Per Volksentscheid wird die Italienische Republik ausgerufen.

1957 Gründung der EWG (heute EU) durch die Römischen Verträge.

1968 Feier des ersten Weltfriedenstages.

1978 Wahl von Papst Johannes Paul II.

1984 Laut Konkordat ist der römisch-katholische Glaube nicht mehr Staatsreligion.

2000 Rom empfängt im Heiligen Jahr über 25 Mio. Pilger.

2001 Neuer Bürgermeister Roms wird Walter Veltroni vom linksorientierten Parteienbündnis Ulivo.

2002 Eröffnung von Renzo Pianos Auditorium „Santa Cecilia“ im neuen Parco della Musica.

2005 Knapp 4 Mio. Gläubige trauern in Rom um Papst Johannes Paul II. Benedikt XVI. wird zu seinem Nachfolger gewählt.

2006 Bürgermeister Veltroni wird im Amt bestätigt. Gründung eines neuen jährlichen Filmfestivals am Tiber: Festa del Cinema.

2008 40-jähriges Jubiläum der Feier des ersten Weltfriedenstages. Ein Ereignis, das Papst Benedikt XVI. in eine Reihe stellt mit dem im selben Jahr zu feiernden 60-jährigen Jubiläum der Allgemeinen Erklärung der Menschenrechte durch die Vereinten Nationen.

Panoramablick vom Dach des Hotels Atlante Star

Fürsten Torlonia, seit 1850 ist es eine der exklusivsten Herbergen der Kapitale, bevorzugt von Modeschöpfern und Models wegen der Nähe zur Spanischen Treppe.

€€€€ **Atlante Star**, Via Vitelleschi 34, I-00193 Roma, Tel. 066 87 32 33, www.atlantehotels.com, 61 Zimmer. Traumhafter Blick von der Dachterrasse auf den Petersdom. Gourmettipp: das Dachgartenrestaurant „Les Etoiles“.

€€€ **Farnese**, Via Alessandro Farnese 30, I-00192 Roma, Tel. 063 21 25 53, www.hotelfarnese.com, 23 Zimmer. Stilvolle alte Villa im eleganten Stadtteil Prati.

€€€ **Marcella Royal Hotel**, Via Flavia 106, I-00187 Roma, Tel. 06 42 01 45 91, www.marcellaroyalhotel.com, 75 Zimmer. Herrliche Aussicht von der Dachterrasse.

€€€ **Residenza Paolo VI**, Via Paolo VI 29, I-00193 Roma, Tel. 06 68 13 41 08, www.residenzapaolovi.com, 30 Zimmer. Auf der Panoramaterrasse hoch über dem Petersplatz wähnt man sich an den Pforten des Himmels.

€€€ **Sant'Anselmo**, Piazza Sant'Anselmo 2, I-00193 Roma, Tel. 065 74 51 74, www.aventinohotels.com, 45 Zimmer. Ruhig gelegene Jugendstilvilla aus dem frühen 19. Jh., schöner Garten.

€€€ **Santa Maria**, Vicolo del Piede 2, I-00153 Roma, Tel. 065 89 46 26, www.htlsantamaria.com, 18 Zimmer. Hotelanlage in ehemaligem Kloster mit Kreuzgang und schönem Garten.

€€€ **Scalinata di Spagna**, Piazza Trinità dei Monti 17, I-00187 Roma, Tel. 069 94 08 96, www.hotelscalinata.com, 6 Zimmer. Das schicke Hotel thront direkt über der Spanischen Treppe. Traumhaft: der Ausblick von der Dachterrasse.

€€ **Campo de'Fiori**, Via Biscione 6, I-00187 Roma, Tel. 06 68 80 68 65, www.hotelcampodefiori.com, 18 Zimmer. Neben dem stimmungsvollen Markt gibt es winzige Zimmer mit Stuck, Putten oder Spiegelkabinett.

€€ **Genio**, Via G. Zanardelli 28, I-00186 Roma, Tel. 066 83 21 91, www.booking.com, 20 Zimmer. Direkt neben der Piazza Navona im Herzen der Altstadt. Schöne Dachterrasse.

€€ **Nerva**, Via Tor de' Conti 3/4, I-00194 Roma, Tel. 066 78 18 35, www.hotelnerva.com, 19 Zim-

mer. Ruhiges Hotel fünf Minuten vom Forum Romanum und Kapitol entfernt.
€€ **Pincio**, Via Capo le Case 50, I-00187 Roma, Tel. 066 79 07 58, www.hotelpincio.it, 20 Zimmer. Charmanter Familienbetrieb mit hübscher Dachterrasse nahe der Spanischen Treppe.
€€ **Hotel Romano**, Largo C. Ricci, I-00184 Roma, Tel. 066 79 58 51, www.hotelromano.com, 16 Zimmer. Renovierte Pension nahe des Forums. Manchmal etwas laut.
€ **Delle Muse**, Via Tommaso Salvini 18, I-00197 Roma, Tel. 068 08 83 33, www.hoteldellemuse.com, 58 Zimmer. Kleines, aber sehr gemütliches Hotel unweit der Villa Borghese.
€ **Mimosa**, Via Santa Chiara 61, I-00186 Roma, Tel. 06 68 80 17 53, www.hotelmimosa.net, 12 Zimmer. Superlage direkt hinter dem Pantheon, freundlicher Service.
€ **Perugia**, Via del Colosseo 7, I-00186 Roma, Tel. 066 79 72 00, 13 Zimmer. Schlichte kleine Pension direkt hinter dem Kolosseum gelegen.

INTERNETADRESSEN

www.romaturismo.it und www.comune.roma.it (Romtipps, Kultur und Sport),
www.romaviva.com (u.a. kommentierte Adressen von Hotels, Restaurants etc.)
www.carpe.de/italienisch-sprachreisen (mit vielen praktischen Tipps zu Ausstellungen, Konzerten, Ausgehen)
www.roma-antiqua.de (touristisch relevante Info-Adressen)
www.beniculturali.it (Museen und Ausstellungen)

Wetterdaten Rom

	Tages-temp. max.	Nacht-temp. min.	Wasser-temp.	Tage mit Nieder-schlag	Sonnen-stunden pro Tag
Januar	12°	4°	14°	9	4
Februar	14°	5°	13°	8	5
März	16°	7°	13°	9	5
April	19°	3°	14°	8	7
Mai	24°	10°	17°	6	9
Juni	28°	17°	21°	4	10
Juli	31°	20°	23°	2	11
August	31°	20°	24°	3	10
September	28°	17°	23°	5	8
Oktober	23°	13°	20°	7	6
November	17°	9°	18°	10	4
Dezember	13°	5°	15°	10	4

www.romaculta.it (Stadtführungen, versteckte Sehenswürdigkeiten)
www.musicaperroma.it (Konzerte und Opern)
www.museidiroma.com (ausgewählte Museen)
www.pierreci.it (Vorbestellung von Eintrittskarten für Museen etc.)

NOTRUF

Einheitlicher Notruf: Tel. 112 (auch mobil, für Polizei, Krankenwagen, Feuerwehr)
Notdienst der Ärzte (Guardia Medica): Tel. 06 58 20 10 30 (tgl. 20.00–8.00 Uhr)
ADAC-Notrufzentrale München: Tel. 0049 89 22 22 22 (rund um die Uhr)
ADAC-Ambulanzdienst München: Tel. 0049 89 76 76 76 (rund um die Uhr)
ÖAMTC Schutzbrief-Nothilfe: Tel. 0043 1 251 20 00
TCS Zentrale Hilfsstelle: Tel. 0041 2 24 17 22 20

POST

Wer nur Briefe oder Postkarten verschicken will, sollte Postämter meiden – dort sind die Schlangen vor den Schaltern fast immer endlos. Briefmarken und Telefonkarten in jedem tabaccaio. Zur Post gehen die Römer nur, wenn sie unbedingt müssen; meist, um Rechnungen zu bezahlen. Am besten funktioniert die Hauptpost, Piazza San Silvestro (Mo.–Fr. 9.00–18.00, Sa. 9.00–12.00 Uhr).

RESTAURANTS

Preiskategorien

€€€€	Gourmettempel	
€€€	Menü	über 30 Euro
€€	Menü	15–30 Euro
€	Menü	10–15 Euro

€€€€ **Agata e Romeo**, Via Carlo Alberto 45, Tel. 064 46 61 15, www.agataeromeo.it, Ruhetag: Sonntag. Das Ehepaar Agata Parisella und Romeo Caraccio haben aus ihrem Lokal einen gastronomischen Stern Italiens gemacht.
€€€€ **Il Convivio**, Vicolo dei Soldati 31, Tel. 066 86 94 32, Ruhetag: Montagmittag, Sonntag. Massimo Troiani begeistert mit seinen Brüdern Angelo und Giuseppe im Michelin-besternten Edellokal nahe der Piazza Navona (Menü ab 60 Euro).
€€€€ **La Pergola**, Via Alberto Cadlolo 101, Hotel Hilton, Tel. 06 35 09 20 55, nur abends geöffnet, Ruhetag: Sonntag, Montag. Für seine raffinierte Mittelmeerküche wurde der Bayer Heinz Beck zum Spitzenkoch Roms gekürt.

Reisedaten Rom

Flug von Deutschland
Frankfurt/M. – Rom und zurück
ab 300 Euro

Inlandsverkehr
Bahnfahrt 2. Klasse Rom – Viterbo
7 Euro

Reisepapiere
Reisepass oder Personalausweis

Währung
Euro

Mietwagen
Fiat Punto ab 75 Euro pro Tag

Benzin
1 Liter Super Grün 1,4 Euro

Hotel
2 Personen/DZ Luxusklasse 400 Euro, Mittelklasse 200 Euro

Pension
ab 300 Euro pro Woche

Menü
Touristenmenü mit Wein ab 15 Euro

Einfaches Essen
Nudelgericht ab 10 Euro

Ortszeit
MEZ + 1 Std.

€€€ **Checchino dal 1887**, Via di Monte Testaccio 30, Tel. 065 74 63 18, Ruhetag: Sonntag, Montag. Geschmorter Ochsenschwanz und die beste Panna Cotta stehen auf der Speisekarte des historischen Kellerlokals.
€€€ **Costanza**, Piazza del Paradiso 65, Tel. 066 86 17 17, Ruhetag: Sonntag. Im Sommer sitzt man im Hof des antiken Pompejustheaters und lässt sich mit leckeren Antipasti, toskanischen Wildpasteten und selbstgemachter Pasta verwöhnen.
€€€ **Santa Lucia**, Largo Febo 6, Tel. 06 68 80 24 27, Ruhetag: Dienstag. Unter den schattigen Bäumen hinter der Piazza Navona speisten schon Sophia Loren und Madonna. Wer Meerestiere liebt, ist hier genau richtig.
€€ **Antica Hostaria l'Archeologia**, Via Appia Antica 139, Tel. 067 88 04 94, Ruhetag: Donnerstag. Lauschiges Gartenlokal. Spezialität: Pastagerichte mit Fisch und Muscheln.
€€ **La Cannonica**, Via della Paglia 6a, Tel. 065 80 38 45, Ruhetag: Montag. Einstiges Pfarrhaus in

einem der schönsten Winkel von Trastevere. Ein Muss: das Antipastibuffet und Spaghetti vongole.
€€ **Osteria Margutta**, Via Margutta 82, Tel. 063 23 10 25, Ruhetag: Montag. Freundlicher Familienbetrieb mit hervorragender römischer Küche.
€€ **Piccola Roma**, Via Uffici del Vicario 36, Tel. 066 79 86 06, kein Ruhetag. Klein, aber fein ist das Lieblingslokal der Abgeordneten vom benachbarten Parlament.
€€ **Tram Tram**, Via dei Reti 44–46, Tel. 06 49 04 16, Ruhetag: Montag. Seit über 60 Jahren kommen hier römische Gerichte wie Kutteln und Saubohnen mit Pecorino auf den Tisch.
€ **Al Vecchio Mattatoio**, Piazza O. Giustiniani 2, Tel. 065 74 13 82, Ruhetag: Dienstag. Gegenüber dem alten Schlachthof am Testaccio kocht Livio Nieren und Ochsenschwanz auf römische Art.
€ **Antonia Bassetti**, Via del Governo Vecchio 18, Tel. 066 86 15 05, nur Mittagessen, Ruhetag: Sonntag. Deftige, echt römische Küche wie Pasta mit Kichererbsen, Bohnensuppe, Stockfisch und würziges Spanferkel.
€ **Gusto**, Piazza Augusto Imperatore 9, Tel. 063 22 62 73, Ruhetag: Montag. Neben dem Augustusmausoleum gibt es ein großes Mittagsbüffet, knusprige Pizza und leckere Pasta.

SHOPPING

Haute Couture bis Trendkleidung: Roms schickstes Einkaufsviertel liegt in der Fußgängerzone zwischen Spanischer Treppe, Piazza del Popolo, Via del Corso, Via del Tritone.
Antiquitäten und Kunst: Große Auswahl in der Via del Babuino (nördl. Spanische Treppe), Via dei Coronari (nordwestl. Piazza Navona), Via Margutta (südöstl. Piazza del Popolo) und an der Via del Boschetto (nördl. S. Pietro in Vincoli).
Märkte: In jedem Stadtviertel, in der Innenstadt die schönsten auf dem Campo de'Fiori, an der Piazza delle Coppelle und an der Via Alessandria (Mo.–Sa. 7.00–14.00 Uhr). Die bekanntesten Flohmärkte findet man an der Porta Portese, Trastevere, neue und alte Gegenstände (So. vormittags); Via Sannio, südlich der Laterankirche, neue und alte Kleidung (Mo.–Sa.); Villa Glori, Ende des Viale Parioli, Trödel und Kunst (So. 10.00 bis 18.00 Uhr).

VERKEHRSMITTEL

In Rom gibt es bislang nur **zwei U-Bahn-Linien** (M Metropolitana), die leider oft sehr überfüllt sind. Der Fahrbetrieb wird bereits um 23.30 Uhr eingestellt.
Besser funktionieren die **Busse und Trambahnen** der städtischen Verkehrsbetriebe ATAC in der gesamten Innenstadt. Fahrpläne mit genauen Abfahrtszeiten gibt es nicht, nachts muss man leider häufig Wartezeiten von bis zu einer Stunde in Kauf nehmen. Öffentliche Verkehrsmittel sind in Rom sehr günstig: eine Fahrkarte gilt 75 Min. im gesamten Stadtgebiet und berechtigt beliebig oft zum Umsteigen. Alle biglietti können beim Tabakhändler (Tabaccaio) oder an Zeitungskiosken gekauft werden.
Taxis sind in Rom weiß oder gelb. Zuschläge werden So./Fei. und nach 22 Uhr in Rechnung gestellt. Wer ein Taxi braucht, muss außerdem mit langen Wartezeiten rechnen (Tel. 06 35 70, 06 49 94, 06 555 51, 06 66 45), denn in Rom gibt es wegen einer recht restriktiven Lizenzvergabepolitik leider viel zu wenige Taxis.

Fette Ziffern verweisen auf Abbildungen.

ROM

A
Aera Sacra del Largo Argentina 38
Aurelianische Stadtmauer **61**
Aventin **59**, 62

B
Benedikt XVI. 45
Bernini, Gian Lorenzo **49**, 49, 74
Bioparco 84

C
Caffè Greco 38, **39**
Campo de'Fiori **38**, 38
Campo Verano 75
Camposanto Teutonico 50
Caracalla-Thermen 37
Casa di Goethe 83
Cäsarforum **24**
Catacombe di Domitilla 22, 37
Catacombe di San Callisto 37
Catacombe di San Sebastiano 37
Cestius-Pyramide **61**
Cimitero Protestante (Acattolico) **62**, 63
Circo di Massenzio 37
Circus Maximus 37, 37
Crypta Balbi 38

D
Diokletiansthermen **74**, 74
Domus Aurea 37

E
Engelsburg **46**, 51
Ex-Mattatoio 57, **59**

F
Fontana dell'Acqua Paola **55**
Fontana di Trevi **34**, 35, 39
Foro Italico 85
Forum Romanum **24**, 38

G
Galleria Borghese **80**, 81, 84
Galleria Corsini 61
Galleria Doria Pamphili 38
Galleria Nazionale d'Arte Antica 61, 74
Galleria Nazionale d'Arte Moderna 84
Gammarelli, Vatikan-Hofschneider **32**
Getto 27, 38
Gianicolo **56/57**, 61
Goethe, Johann Wolfgang von 83
Grabmal der Cecilia Metella 37

I, J
Il Gesù 38
Johannes Paul II. 29, 45
Jüdisches Museum 38

K
Kaiserforen **25**, 38
Kapitol 23, **25**, 38
Kapitolinische Museen **12/13**, 38
Katakomben 37
Kolosseum **8/9**, 27, 37
Konstantinsbogen **26**, 37

L
Largo Argentina **31**
Lateranpalast 72

M
Marc Aurel, Reiterstandbild **25**
Michelangelo Buonarroti 44, 49, 50
Monte Testaccio 63
Monumento a Vittorio Emanuele II **28**, 38
Museo Barracco 38
Museo Civico di Zoologia 84
Museo Montemartini **63**, 63
Museo Nazionale Etrusco 85
Museo Nazionale Romano 74

O
Olympiastadion **81**
Orto Botanico **57**, 61

P
Palatin 38
Palazzo Altemps 39
Palazzo Barberini 67, 74
Palazzo Chigi 35
Palazzo Corsini 61
Palazzo della Cancelleria 38
Palazzo Doria Pamphili 39
Palazzo Farnese **29**, 38
Palazzo Massimo alle Terme 74
Palazzo Montecitorio, Parlament 35, 39
Palazzo Venezia 38
Pantheon **20/21**, 30, 39
Parco degli Acquedotti **23**, 37
Parco della Caffarella 37
Parioli 85
Peterskirche **40/41**, **42/43**, **44**, 45, **49**, 49
Petersplatz **40/41**, **42/43**, 45
Piazza Barberini 74
Piazza del Popolo **78**, **83**, 83
Piazza della Minerva **33**, 33
Piazza della Repubblica **75**
Piazza di Siena **85**
Piazza Garibald 61
Piazza Mattei **27**, 38
Piazza Navona **28/29**, 29, 31, 38
Piazza S. Maria in Trastevere **52/53**, **54**
Piazza Venezia 38
Pincio **79**, 84
Planetarium 74
Pompejus-Theater 38
Ponte Milvio **79**, 85
Ponte Sisto **55**
Porta di San Sebastiano **23**
Porta Portese 55, 62
Portico d'Ottavia 38

Q, R
Quirinalspalast **32**, 35, 39
Raffaele Santi **47**, 56

S
S. Agnese in Agone 39
S. Andrea delle Valle 38
S. Cecilia 62
S. Giovanni in Laterano **70/71**, 71, **73**, 73
S. Ignazio 39
S. Lorenzo, Viertel **68/69**, 69
S. Luigi dei Francesi 39
S. Maria dell'Anima 39
S. Maria della Pace 39
S. Maria della Vittoria 74
S. Maria del Popolo 83
S. Maria in Cosmedin 62
S. Maria in Trastevere **52/53**, 62
S. Maria Maggiore 71, **73**, 73
S. Maria Sopra Minerva **33**, 39
S. Pancrazio 61
S. Paolo fuori le Mura 71
S. Pietro in Montorio 61
S. Pietro in Vincoli 38
S. Prassede 73
S. Pudenziana 73
S. Saba **58**, 63
S. Sabina 62
SS. Trinità dei Monti **35**, 39
Scala Santa 73
Scuderie Papali 39
Sixtinische Kapelle 50
Spanische Treppe **14/15**, **35**, 39
Stazione Termini 67, 74, **113**
Synagoge **26**, 38

T
Testaccio 57, **58/59**, 59
Thermenmuseum **64/65**, **74**, 74
Tiberinsel 26
Trajansforum **24**
Trajanssäule **24**
Trastevere **52/53**, 52–55, 62
Tritonenbrunnen 74

U
Universität 69, **71**

V
Vatikan **40–51**, 40–51
Vatikanische Gärten 51
Vatikanische Grotten 50
Vatikanische Museen **50**, 50
Via Appia Antica **22/23**, 25, 37
Via della Conciliazione **40/41**
Via Margutta 84
Via Sacra **24**
Vier-Flüsse-Brunnen 39
Villa Borghese **80**, 81, **84**, 84, **112**
Villa Doria Pamphili 61
Villa Farnesina **56**, 61
Villa Giulia 81, 84
Villa Glori **81**, 85
Villa Medici 76/77
Villa Torlonia **66**, 75

UMGEBUNG

Abtei von Farfa 91, **93**, 101
Albaner See 102
Bagnaia **98**, 99, 102
Bomarzo **99**, 99, 102
Bracciano 97, 102
Caprarola **96/97**, 102
Castel Gandolfo 93, 102
Cerveteri **96**, 97, 103
Fara in Sabina **93**, 101
Frascati 101, 108
Genzano 89, **91**, 102
Grottaferrata 102
Lago di Bracciano 102
Monteleone Sabino 101
Nemi 89, **90**, 102
Nemisee 89, 90
Ostia 95, 103
Ostia Antica **94/95**, 95, 103
Palazzo Farnese **96/97**
Rocca Sinibalda **92**, 101
Santa Severa **86/87**, 103
Sutri 102
Tarquinia 97, 103
Tivoli
– Villa Adriana **88/89**, 89, 101
– Villa d'Este **18/19**, **89**, 101
– Villa Gregoriana 88, 101
Tusculum 102
Viterbo **98/99**, 102

IMPRESSUM

4. Auflage 2008 (aktualisiert, erweitert und neu gestaltet)

Verlag: HB Verlag, Marco-Polo-Straße 1, 73760 Ostfildern, Postfach 3151, 73751 Ostfildern, Tel. 0711/4502-0, Fax 0711/4502-135, www.hb-verlag.de, info@bildatlas.de
Geschäftsführer: Dr. Thomas Brinkmann, Dr. Stephanie Mair-Huydts
Chefredaktion und Programmleitung: Rainer Eisenschmid, Birgit Borowski
Redaktion: Robert Fischer (www.vrb-muenchen.de)
Text: Birgit Schönau, Marcus Würmli (Savoir-vivre)
Aktualisierung 2008: Jutta Hemminger, München
Exklusiv-Fotografie: Zoltan Nagy
Titelbild: Travelpix Ltd/Getty Images (Kolosseum)
Zusätzliches Bildmaterial: S. 4 o. stockfood/Food Image Source, 104 stockfood/Teubner, 105 u. stockfood/Frank Croes, 105 o. stockfood/Eising, 106 u. stockfood/Paolo Nobile, 106 o. stockfood/Eising, 107 stockfood/Danielsson/Voltaire, 108 u. getty-images/Clay McLachlan, 108 o. stockfood/Herbert Lehmann, 109 stockfood/Henrik Holler, 110 u. stockfood/Eising, 110 o. stockfood/Aaron Rezny, 111 stockfood/Caggiano Photography
Grafische Konzeption, Art Direktion und Layout: fpm factor product münchen
Kartografie: © MAIRDUMONT GmbH & Co. KG, Ostfildern
HB Bildatlas Fotoservice: HB Verlag, Marco-Polo-Straße 1, 73760 Ostfildern, Tel. 0711/4502-266, Fax 0711/4502-1006, a.nebel@mairdumont.com

Für die Richtigkeit der in diesem HB Bildatlas angegebenen Daten – Adressen, Öffnungszeiten, Telefonnummern usw. – kann der Verlag keine Garantie übernehmen. Nachdruck, auch auszugsweise, nur mit vorheriger Genehmigung des Verlages. Erscheinungsweise: monatlich.

Anzeigenvermarktung: MAIRDUMONT MEDIA, Tel. 0711/4502333, Fax 0711/45021012, media@mairdumont.com, http://media.mairdumont.com
Vertrieb Zeitschriftenhandel: PARTNER Medienservices GmbH, Postfach 810420, 70521 Stuttgart, Tel. 0711/7252-227, Fax 0711/7252-310
Vertrieb Abonnement: Zenit Pressevertrieb GmbH, Postfach 810640, 70523 Stuttgart, Tel. 0711/7252-265, Fax 0711/7252-333, hbverlag@zenit-presse.de
Vertrieb Buchhandel und Einzelhefte: MAIRDUMONT GmbH & Co KG, Marco-Polo-Straße 1, 73760 Ostfildern, Tel. 0711/4502-0, Fax 0711/4502-340
Reproduktionen: Otterbach Medien KG GmbH & Co., Rastatt
Druck und buchbinderische Verarbeitung: Neef + Stumme GmbH & Co. KG, Wittingen.
Printed in Germany

Überall im Pressefachhandel, Buchhandel und Bahnhofsbuchhandel erhältlich oder zu bestellen unter Telefon 0711/4502-0, Fax 0711/4502-340

LIEFERBARE AUSGABEN

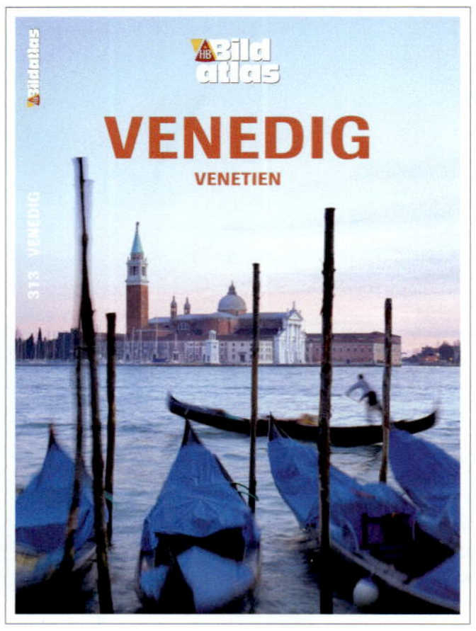

HB BILDATLAS

Deutschland

227 Allgäu
198 Altmühltal
204 Bayerischer Wald
235 Berlin
235 Berlin (englische Ausgabe)
289 Bodensee · Oberschwaben
298 Brandenburg
296 Chiemgau · Berchtesgadener Land
274 Dresden · Sächsische Schweiz
256 Eifel · Aachen
260 Elbe und Weser · Bremen
303 Erzgebirge · Vogtland · Chemnitz
242 Frankfurt · Taunus · Rheingau
269 Fränkische Schweiz
253 Hamburg
263 Harz
234 Hunsrück · Naheland · Rheinhessen
233 Leipzig · Halle ·Magdeburg
209 Lüneburger Heide
285 Mainfranken
307 Mecklenburgische Seen
240 Mecklenburg-Vorpommern
151 Mittelfranken
249 Mosel
165 München
255 Münsterland · Münster
281 Nordseeküste · Schleswig-Holstein
196 Oberbayern zwischen Lech und Inn
271 Odenwald · Bergstraße
219 Osnabrücker Land · Emsland · Oldenburger Münsterland · Grafschaft Bentheim
211 Ostfriesland · Oldenburger Land
290 Ostseeküste · Mecklenburg-Vorpommern
277 Ostseeküste · Schleswig-Holstein
215 Pfalz
194 Potsdam · Havelland
243 Rhein zwischen Köln und Mainz
288 Rhön
314 Rügen · Usedom · Hiddensee
300 Ruhrgebiet
258 Sachsen
286 Sachsen-Anhalt
268 Sauerland
200 Schwäbische Alb
266 Schwarzwald · Norden
214 Spreewald · Lausitz · Märkisch-Oderland
247 Südlicher Schwarzwald
224 Sylt · Amrum · Föhr
312 Teutoburger Wald
261 Thüringen
301 Thüringer Wald
202 Trier
237 Weserbergland

Benelux

246 Amsterdam
187 Flandern · Brüssel
275 Niederlande

Frankreich

160 Atlantikküste
278 Bretagne
217 Burgund
225 Côte d'Azur
222 Elsass
221 Korsika
295 Normandie
229 Paris
315 Provence
184 Südfrankreich · Languedoc-Roussillon

Griechenland

193 Athen · Peloponnes
189 Korfu · Ionische Inseln
228 Kreta
310 Zypern

Grossbritannien · Irland

294 Irland
175 London
231 Nordengland
304 Schottland
241 Südengland

Italien · Malta · Kroatien

195 Adriaküste · Emilia Romagna
239 Gardasee · Trentino
309 Golf von Neapel · Kampanien
265 Italienische Riviera
282 Italien · Norden
238 Kroatische Adriaküste
254 Malta
210 Mittelitalien
270 Oberitalienische Seen · Mailand
230 Piemont · Aostatal
226 Rom
264 Sardinien
232 Sizilien
201 Süditalien: Apulien · Basilikata
207 Südtirol
267 Toskana
313 Venedig · Venetien

Mittel- und Osteuropa

292 Baltikum
280 Bulgarien
283 Danzig · Ostsee · Masuren
248 Prag
291 St. Petersburg
244 Südpolen · Breslau · Krakau
306 Tschechien
297 Ungarn

Österreich

293 Kärnten
199 Niederösterreich · Wachau
218 Oberösterreich
220 Salzburger Land · Salzkammergut · Salzburg
174 Tirol
206 Wien

Schweiz

305 Schweiz
302 Tessin

Spanien · Portugal

236 Algarve · Lissabon
223 Andalusien
287 Barcelona
150 Costa Blanca
262 Costa Brava
176 Gran Canaria · Fuerteventura · Lanzarote
213 Ibiza · Formentera · Menorca
259 Kanarische Inseln
245 Lanzarote
212 Mallorca
203 Nordportugal
205 Nordspanien · Atlantikküste Jakobsweg · Galicien
177 Teneriffa · La Palma · Gomera · Hierro

Skandinavien

183 Bornholm
279 Dänemark
180 Nordnorwegen
276 Norwegen · Süden
250 Südschweden · Stockholm

Türkei

252 Türkische Mittelmeerküste

Außereuropäische Ziele

273 Australien Osten · Sydney
284 China
311 Kalifornien
251 Kanadas Westen
299 Neuseeland
272 New York
257 Südafrika

Länderübergreifende Bände

308 Donau

HB BILDATLAS SPECIAL

Afrika · Naher Osten

67 Ägypten
64 Arabien: V. A. Emirate · Oman · Kuwait · Qatar · Bahrain
72 Marokko
61 Namibia
71 Tunesien · Libyen

Australien · Ozeanien

45 Australien: Westen

Europa

54 Madeira · Azoren · Kapverden

Süd- und Südostasien · Ferner Osten

10 Hongkong
53 Indien: Rajasthan · Delhi · Agra
69 Philippinen
34 Sri Lanka und Malediven
70 Thailand

Süd- und Mittelamerika · Karibik

57 Chile
55 Dominikanische Republik · Haiti
60 Jamaika
65 Kleine Antillen: Antigua Guadeloupe · Martinique · Barbados u. a.
73 Mexiko

USA · Kanda

58 Alaska
62 Florida
68 Las Vegas · Grand Canyon
56 Nordwesten: Washington · Oregon
59 Texas

HB BILDATLAS SONDERAUSGABEN

Ski-Special Alpen 2008
Alpen Special 2008